エピソードで学ぶ

子どもの発達と保護者支援

発達障害・家族システム・障害受容から考える

玉井邦夫

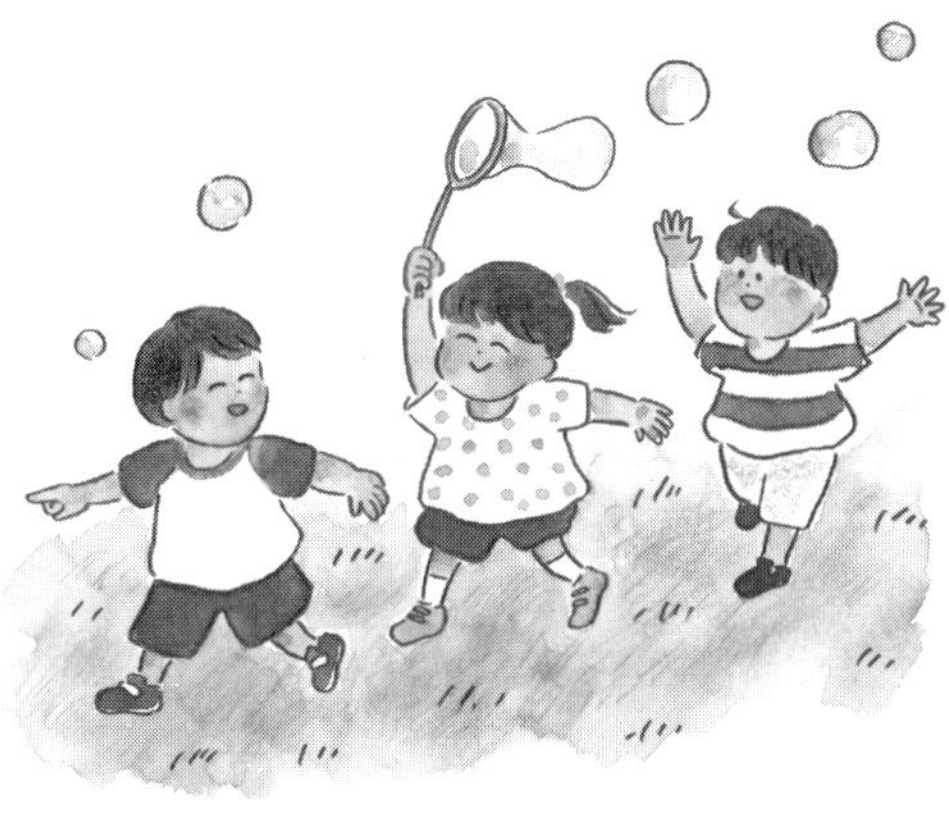

明石書店

はじめに

平成20（2008）年に改定された保育所保育指針（厚生労働省告示第141号）では、わざわざ一章を割いて「保護者への支援」が謳われています。そもそもこの指針改定の背景には、親と子の生活形態が大きく変化し、保護者の保育に対するニーズが多様化してきたことを受けて、保育所が保護者との適切な関係を築いていく必要性が高まったという認識があります。たいへん大ざっぱにはなりますが、この指針で保護者支援とはどのようなものであるべきとされているのか、見ていくことにしましょう。

指針では、保育所の保護者支援を大きく二つに分けています。実際に保育所に子どもを通わせている保護者に対する支援と、そうではない保護者も含めた地域での子育てに関する支援です。この本が取り扱うのは前者になります。

保育所に子どもを通わせている保護者に対する支援として、指針は六つの項目を挙げています。

①　保護者支援は、子どもの送迎の場面や行事など、子どもの保育との密接な関連の中で、相談／助言／連絡／通信などの形で実施すること。

②　保護者支援においては、保育所での子どもの様子や、保育士の意図していることなどを説明して、保護者との相互理解に努めること。

③　保護者の状況に配慮するとともに子どもの福祉を尊重すること。（これは、延長保育や夜間保育、病児保育や病後保育など、保護者の保育に対するニーズが多様化してきていることを受けて、そうしたニーズにできるだけ応えるとともに、それが子どもの不利益になってはいけないという原則を示していると考えられます。）

④　子どもに障害や発達上の課題が見られる場合には、市町村や関係機関との連携／協力のもとで、保護者への個別支援を行うこと。

⑤　保護者に育児不安などが見られる場合には、保護者への個別支援を行うこと。

⑥　虐待などが疑われるときには、関係機関との連携や、すみやかな通告などの対応をすること。

これらの記述から見えてくる、「保育所における保護者支援」とはどのようなイメージなのでしょうか。

まず、保護者支援は、保育所が日常的に行っている業務の延長線上にある営みだということです。言い方を換えると、保護者支援をするために、今までにまったくなかったような活動を新たに作り出せと言っているのではない、ということになります。もちろん、今まで日常的にしてきたことを、保護者支援という視点で見直したり修正したりすることは重要です。しかし、それは新たに「保護者支援担当」とか「保護者支援部門」を作るといったものではないのです。

次に、保護者支援はあくまでも保護者との連携の中で進められる営みだということです。当たり前のことのようでいて、これがなかなか難しいのです。発達障害や虐待といった、子どもと家族を取り巻くさまざまな要因がある中で、子育てに関する課題意識を保護者と共有して、上手に役割分担をしていくということは容易ではありません。

もう一つ、保護者支援が単純なものではなく、虐待が疑われるような場合には、保育所は子どもの発達を守る立場で行動するべきだ、ということです。

本書では、保育所における保護者支援のあり方について、指針に示されたイメージをなぞりながら考えていくことにします。

本書は、平成27（2015）年度に、東京都公立保育園研究会の広報誌に8回にわたって連載された「保育所における発達障害の家族支援」の原稿をもとに、保護者支援の対象を発達障害のケースにとどまらないように加筆修正したものです。加筆にあたっては、できるだけ具体的な例を挙げることを心がけました。大幅な加筆をしましたので、ほとんど新しい内容になっています。

エピソードで学ぶ　子どもの発達と保護者支援◉目次

カバーイラスト／本文挿絵◎今井ちひろ

第1章

子どもを支えること 保護者を支えること

保育所は、子どもの発達を守り、促す場です。その保育所で保護者支援を行うということがどういうことなのか。なぜ保育所は保護者支援という視点を持つべきなのか。それをまず考えていくことにしましょう。

❶ 発達支援ということば　保護者支援ということば

子どもを支えるというのは、少し硬いことばで言えば、子どもの発達を支援する、ということです。こうした言い方を聞けば、おそらく多くの人がある程度一致したイメージを持つことができると思います。何かできなかったことができるようになる、というイメージです。保育所も、当然ながら子どもの発達支援に関わる機関です。とりわけ、同年齢集団という、家庭内ではほとんどの場合提供することのできない発達刺激を与えることができる場であり、家庭と連携して、子どもの多様な発達を促していく場になります。よく、保育所での子どもの変容を保護者に伝えると、「そんなこと、家ではとっくにできています」と言われてしまうことがあります。しかし、「家で、親との関係の中でできていたこと」が、「保育所で、保育士との関係の中でできるようになる」ことそのものが「発達」なのだ、ということを伝えることは大切なことです。

発達支援を考える場合には、しばしば「子どもを発達的に見ることが大切」と言われます。「発達的に見る」というのは、「できなかったことができるようになった」ということを見つけることだけではありません。それは、いわば誰にでもわかるようなことです。本当の意味で「発達的に見る」というのは、「相変わらずできないけれども、〝できなさ〟が以前とは違ってきている」ということを見つけることです。

私が、発達相談を担当して母親から継続的な相談を受けていた男児のケースです。彼は、年少組から保育所に入りました。なかなか集団の動きに合わせて行動することができません。母親は、就園後の発達相談でこんなことを話しました。

「お迎えに行っても、ひとりで遊んでいることが多いんですよ。一度、たまたま用事があって日中に保育所に行ったことがあるんですが、みんな教室に入って作業をしてるのに、あの子だけまだ砂場にいて……。先生は、大丈夫ですよ、って笑っているんですけど、なんだか心配で……」

それから約1ヶ月後、私はその保育所に行く機会を得ました。外遊びが終わり、遊具を片づけてみんなが保育室に戻る時間になりました。園庭に放送が流れると、どの子もみんなその子なりのペースでそれまで使っていた遊具を片づけて、保育室に戻り始めました。しかし、男児は砂場から動こうとしません。やがて、園庭には彼ひとり、という状態になってしまいました。担任は、保育士歴20年近いベテランでしたが、他の子どもたちと一緒に保育室に入って保育を続けながら、時折窓越しに砂場の彼を見るだけで、特に迎えに行く様子もありませんでした。

保育観察の後、私は担任と話し合う時間をいただき、その日観察した男児の姿と母親の不安について伝えました。担任は「うーん」と考える様子でしたが、その後でこう言いました。

「でも、私は大丈夫だと思っているんです。入ってきたばかりのときは、私もなんとか部屋に入れようと思って砂場に迎えに行ったりもしたんですよ。でも、すごく抵抗するんです。他の子も放ってはおけないし……。ただ、今はずいぶん違うんです。前は、他の子が部屋に戻るときも黙々と遊んでいたんですよ。でも、今は、帰る子どもたちのほうをちらちら見るんです。ひとりで遊んでいるように見えますが、私が窓越しに見ていると、何度も視線が合うんですよね。だから、もうすぐ、自分の力で戻ってくるようになるんじゃないかなって……」

さすがにベテランだ、と私は思いました。この保育士さんは、「何もしていない」わけではなかったのです。一見すると同じようにひとり遊びを続けているように見える男児の姿に、着実な変化を見出していたのです。結局この子は、担任が懸念していた「日射病の季節」になる前に、片づけの声がけで立ち上がり、手を引かれながらですが、砂場から離れて保育室に戻ることができるようになりました。

さて、発達支援ということばが子どもを支えるということだとすると、保護者を支えることが保護者支援ということになります。ところが、保護者支援ということばは、かなり曖昧で、内容も多様です。そもそも、保護者が働いている間、子どもを安全に守るという保育所の役割そのものが保護者支援なのですが、さらに、保護者の相談に乗ったり、場合によっては専門的なカウンセリングを紹介したりすることは、保護者支援としてよくあるイメージだと思います。しかし、保護者支援の範囲はそれよりもはるかに広く、保育所以外の、家事援助や外出援助といった福祉サービスの提供や、経済的な支援も保護者支援と考えることもできます。子どもに発達のつまずきがある場合などは、こうしたサービスと保育所利用とが組み合わされていくこともしばしばです。ただ、これらもまだ保護者支援ということばのイメージとしては理解しやすい部類に入るでしょう。実際には、保育所という立場からは縁のないことに感じることですが、保護者に対する職業訓練や就労支援も、広い意味では保護者支援だと言うこともできるのです。当然ですが、保育所が担えるのは、こうした広い範囲にまたがる保護者支援の一部ということになります。

本書が取り扱う「保護者支援」とは、保護者が子どもとの生活を受け容れ、前向きな気持ちで楽しめるようになっていくための心身両面での支援、というイメージです。保護者への相談対応は、こうした保護者支援の中で重大なものの一つですが、それはあくまでも「親と子どもの関係のあり方」に関する相談内容になります。嫁姑関係の悩みとか、実家との関係といった悩みは、それが親子の関係に影を落としている場合には話題になりますが、決して保育所における相談対応の主題にはなりません。このことは、また別の章で取りあげることになります（⇩第４章）。

❷ 発達支援と保護者支援——異なる営み——

子どもの発達支援と保護者支援との関連を考える場合、非常に重要な前提があります。この二つの「支援」は、本質的には異なる営みである、ということです。これは、意外に聞こえるかもしれません。通常、子どもの発達支援によって子どもが新しいスキルを獲得していくことは、そのまま保護者支援につながるものだと考えられているからです。まずは、子どもの発達支援が保護者支援にそのままつながっていく典型的な例を見てみましょう。

◇◇◇◇◇◇◇◇◇◇◇◇◇◇◇◇◇◇◇◇◇◇◇◇◇◇◇◇◇◇◇◇◇◇

まだ有意味発話がなく、喉の渇きを上手に伝えることができない年少児。彼はまだ、喉が渇いたときの不快感を上手に処理できず、いらだって暴れたり、ときには壁に頭を打ちつける自傷行動を示したりします。それを見ている母親にとって、これは大きなストレスでした。保育所では、食事の場面や外遊びの後など、この子が喉の渇きを感じているだろうと予想できる場面を中心に、自分の喉を親指と人指し指がつまむように擦《こす》ってみせるような仕草で「喉が渇いた」というサインの導入を試みました。この子の手を取ってサインを作らせてから飲み物を出すということをくり返すうちに、この子は時折ですが、自分の喉を触ることで飲み物を要求するということを覚えてきました。自宅でもこの仕草はサインとして定着し、母親のストレスも低減しました。

こういう例を見れば、ともかく子どものスキルアップを図れば、保護者支援になるはずだと考えるのも不思議ではありません。確かに、おおかたの親子関係ではこの通りなのです。

ところが、子どものスキルアップは、必ずしも直線的に保護者の心理的・物理的負担を軽減して生活を楽にすることにつながるとは限りません。直線的に、ということが大事なポイントです。

子どものスキルアップが、保護者の家庭生活が楽になることにつながるまでには、紆余《うよ》曲折《きょくせつ》やタイムラグが生じることがあるのです。子どもに障害のあるなしにかかわらず、子どもが何か新しいスキルを獲得するということは、保護者や家族にとって、一時的には新しい困難や課題に直面してしまうことになるからです。このことを、少し具体的な例を挙げながら説明します。

障害のある子どもの早期療育において、手先の操作性を向上させることは非常に重要な課題です。手先の操作性の発達は、より複雑な物の扱いを可能にし、そのことが物に対する子どもの認識を深め、さまざまな物の「違い」の理解につながり、ゆくゆくはことばの発達を準備することになるからです。

横道にそれてしまいますが、このことを少し説明しましょう。どうして手先の操作性を高めることが、ことばの発達につながるのでしょうか。手先の操作性が上がることは、子どもがさまざまな物を扱うやり方をより複雑で精密なものにしていきます。ことばというのは、物の違いの認識から生まれます。「つるつる」と「ギザギザ」の違いを触って感じ取ることができない子どもにとって、「つるつる」ということばも「ギザギザ」ということばも意味をなしません。握るしかできない段階の子どもにとって、ペットボトルはペットボトルでしかありません。しかし、ねじる、とか、ひねる、ということができるようになった子どもにとっては、ペットボトルと、それについているキャップは、「別々の物」になってくるわけです。そこで初めて「ボトル」と「キャップ」ということばが意味を持つことになります。だからこそ、手先の操作性を高めて、細かくて複雑な操作ができるようになることが、ことばの発達を促すことになるわけです。

話を戻しましょう。親指を、他の４本の指のそれぞれと対向させる操作（つまり、２本の指でつまむ、という操作です）をピンチングと言いますが、これはその後の多様な生活技能を支えるきわめて汎用性の高いスキルです。このスキルを獲得することは、ボタンのかけ外し、箸使い、筆記、ページめくり、その他さまざまなことを可能にします。そのため、早期療育のプログラムの中ではピンチングの獲得に向けた訓練が必ずと言っていいほど盛り込まれることになります。ということは、ピンチングが可能になった子どもは、玄関の鍵を自力で開けることができるようにもなります。保護者にしてみれば、それまでは子どもにピンチングのスキルがなかったために、帰宅後、玄関に鍵さえかけておけば、30～40分台所に立っていたとしても、それほど致命的な危険を感じずに調理に取り組むことができていたのです。しかし、子どもが「発達」したことによって、もう安心して台所仕事をすることはできなくなるのです。

発達の階段は、イメージとしては、次の階へ行くために必ず踊り場で折り返す階段です。子どもが踊り場に到達すると、保護者は、子どもが下の階にいたときには「できない」ために問題にならなかった問題に直面するのです。しかし、それは次の階に行くためにはどうしても通過しなければならない踊り場です。

こうした「子どもの発達支援が、保護者が子どもと暮らすうえでの生活の質の向上につながるまでにタイムラグが生じる」という事態は、子どもに障害がある場合だけのことではありません。「魔の季節」と言われることの多い2歳児では、「自分でやりたい」という気持ちの育ちによって、保護者からすれば始末に負えないような聞き分けのなさが生じてきます。これもまた、子どもの発達における「あるべき姿」としての踊り場の苦しみと言うことができるでしょう。しかし、標準発達の子どもは、この踊り場をスムーズに通過します。つまり、すぐに次の階まで上ってくれるのです。先の例で言えば、玄関の鍵を開けられるようになったとしても、「ひとりで外に出てはいけない」という指示を、理由とともに簡単に納得することができるのです。しかし、発達につまずきのある子どもたちでは、この踊り場の期間が長引き、保護者にとって苦しい時間になってしまうことも多いのです。

双子の自閉症の男の子を育てていた家庭の話です。まもなく就学を迎えようとする時期、この子たちは、「第三次循環反応」と呼ばれる発達段階に到達してきました。この時期は、標準的な発達であれば１歳台で出現するものです。投げる、とか、落とす、といった行為が多いのですが、とにかく何でもかんでも投げたり落としたりしてしまいます。しかも、それ以前とは違って、「投げ方」とか「落とし方」を変えて、そのことによって結果がどう変わるかを楽しんでいるかのような行為をするのです。この用語を提唱したピアジェは、これこそが「手段」と「目的」の分化を現しており、言語の獲得の直前の段階であると考えました。つまり、言語獲得をにらんだ発達全体を考えれば、必ず通過する「いたずら期」だということです。しかし、１歳の子どもの運動能力、移動能力であれば、この「いたずら」もそれほど生活に支障をきたすものにはなりません。ところが、この双子では事情が違いました。ある日、ベランダから異様な大音響を聞いた母親があわてて様子を見に行くと、集合住宅（双子の家は4階でした）の一つ下の階のベランダで、熱湯の入った電気ポット（当時は、魔法瓶と呼んでいました）が粉々になっているのに気づいたのです。男の子が落としたのでした。6歳近い運動能力と移動能力で、1歳台の「ごく当然の行為」が出現すると、そのままの生活すら危うい事態にさえなりかねないのです。このエピソードを報告してくれた母親は、その後でこう言いました。「主人とも話し合いました。予定より少し早いけれど、家を建てて引っ越そうと思います」。

そのような「踊り場の苦しみ」があるとはいえ、それが次の階に行くための必須通過点であることを保護者が納得している場合には、保護者は支援者からの励ましを受けながらその時期を過ごすことでしょう。ここを通過すれば楽になる、そして、ここは通らなければならない道だ、と考えるのです。支援者は、子どもの今の姿が、次にどんな姿につながるのかを説明しながら、今はたいへんだけれど一緒に頑張りましょう、と伝えることになります。

ことばが出ない、と悩み続けてきた母親がいました。ほとんど有意味発話のない状態で、それでも保育所は受け入れてくれていました。保育所でことばのシャワーを浴びればきっとことばが出てくる、と両親は期待していました。

その期待はみごとにかないました。この子は、あるときから急激にことばを発し始めたのです。それは母親も驚くような変貌ぶりで、毎日のように語彙が増えていくという状態でした。

ことばが出ない、という心配がなくなってから半年後、母親は発達相談の場で苦笑いして言いました。「この前スーパーに買い物に行ったんですよ。そしたらこの子、そこらじゅうの女の人の前に行って指さして、『おばさん？　お姉さん？』って言うんですよ。もう私、どうしていいかわからなくてあわてて帰りました。あのお店、もう二度と行かれないですよ。でも仕方ないですよね。ことばが出てきたんだから、それでよしとしなくちゃ。そのうち、言っちゃいけないことばもある、って、わかってくれるようになりますよね」。

◇◇◇

もうおわかりだと思います。「子どもの発達支援を考えていれば、それが自ずと保護者支援につながる」という事態は、「支援者と保護者が、子どもの登るべき発達の階段のありかについて、一致した見解を持っている」という前提があって初めて成り立つことなのです。こういう力をつけていってほしい、こういう姿になっていってほしい、という共通したイメージを持てているということです。そう考えると、この前提が崩れれば保育所が子どもの発達支援に取り組んでも家族支援、つまり保護者支援にはならない、という事態が生じるということがわかります。これが、「子どもの発達支援と保護者支援は本質的には異なる営みだ」ということです。

❸ 発達支援と保護者支援を織りなす

「支援者と保護者が、子どもの登るべき発達の階段のありかについて、一致した見解を持っている」という前提が崩れてしまう事態として、代表的なものが二つあります。

一つは、親子関係が虐待になっているという場合です。

適切なしつけでは、「叱る」「ほめる」といった、保護者のパワーが子どもに行使される場面で、子どもの主導権が守られています。子どもは叱られたくなければその行動をしなければいいし、ほめられたいと思えばそれに値する行動をとればいいのです。そうすることで、子どもは保護者のパワーが自分に向けて行使されることへの主導権を持つことができます。しかし、虐待ではこの関係性が崩れます。保護者は、きわめて恣意的に――たいていは気分次第で――子どもを叱ったりほめたりします。このような関係では、保護者は子どもの行動の意図とか、そこに流れている感情といったものを吟味する必要がありません。当然、そのような保護者が子どもに向ける発達要求は、子どもの発達の実態からはかけ離れたものになりがちです。そのため、支援者が子どもの発達実態に即して手立てを講じようとしても、保護者の意向とは食い違うという事態がしばしば出現することになります。つまり、子育ての中で、保護者は子どもに対して「歪んだコントロール」をしているのです。このような事態で何が起こるかを見てみましょう。

子どもを殴ることでコントロールしている父親がいたとします。こうした親子関係の中で育てば、子どもは「問題は力尽くで解決する」という行動パターンを学習することになります。保育所でも、その子は自分の要求が通らなかったり、したくないことをしなければならないような場面では、友だちや保育士を叩いたりすることで解決しようとします。

この子に対して、保育所側は、「叩かずにことばで伝えよう」ということをくり返しくり返し伝えようとします。幼児期はまだ発達的にも柔軟ですから、こうした関わりは着実に子どもを変えていくでしょう。やがて、保育所の生活で、この子は思い通りにならない場面でも手を上げず、必死にことばで訴えようとするようになります。

さて、そのような変化を遂げたこの子が帰宅し、いつものように父親が些細なことで拳を振り上げたとしましょう。そのとき、この子が父親に向かって「叩かないでよ！　口で言えばいいじゃん！」と言い返すことを想像してください。これは、この子の発達としてはめざましい進歩です。しかし、子どもにこのように言い返されて振り上げた拳を収めることができるような父親ならば、おそらくもともと殴るような養育をしていないのです。「歪んだ」コントロールによって子どもを動かしている親子関係の中で、子どもの発達だけが促進されていくことは、保護者の中に「子どもをコントロールできなくなる」という気持ちを呼び起こしてしまいます。そして、そのことが高い確率で「保育所に通うようになってから子どもが悪くなった」という物言いを招いてしまうのです。

子どもの発達支援と保護者支援が噛み合わなくなってしまうもう一つの事態は、子どもに何らかの発達的なつまずきがあるにもかかわらず、その障害を受容する心理プロセスが保護者の中で進行していないという場合です。この場合にも、保護者は子どもの実態のうえに立って課題を設定することが困難になります。このことについては、また章をあらためて細かく述べていくことになります（⇩第5章）。

さて、発達支援と保護者支援が異なる営みであることを理解したとしても、保育所のように子どもの発達支援に関わる人間にとって発達支援は絶対的な前提です。たとえば虐待的な養育が疑われるケースであって、保護者がそのような養育に追いつめられてきた経緯が痛切なまでに理解できていたとしても、だからといって「子どもが死ぬまで殴ってもいいんだよ」とは口が裂けても言えないのです。

とすれば、発達支援と保護者支援を織りなすという作業は、あくまでも子どもの発達を支援する道筋を考え、それをどのようにして個々の家族という文脈に位置づけるか、ということを考えていく作業だということになります。「家族という文脈」とは、保護者の理解力、職業、収入、勤務形態、家族構成、住居の間取り、近隣との関係など、きわめて多数で多様な要因から決まってきます。それらの要因をすべて吟味することは現実問題としてかなり困難です。しかし、少なくともその子と保護者が、帰宅後にどのような場所で、どのような関係性の中で生活しているのかということは押さえておかなければならないでしょう。「家族という文脈」というのはややわかりづらいので、例を挙げます。

自分の要求を上手にことばで伝えることができない子どもがいます。喉が渇くと、その感覚にいらだち、奇声をあげたり、地団駄を踏むようにして自分の要求を表現します。保護者は、そんな子どもの姿にいらだち、情けなさを感じます。しかし、徐々にそうした姿のときには喉が渇いているのだということに気づいていき、やがて子どもにそうした行動が見られたら冷蔵庫からジュースを出して与えるということで対処するようになりました。しかし、ここで新たな問題が出てきました。子どもは、「暴れて困らせれば要求が通る」という学習をしてしまったのです。

この状態に対して、喉が渇いたから飲み物がほしい、という要求を、「暴れる」以外の行動に置き換えたいと支援者は考えます。そのためには、「暴れる」という行動は無視します。「その行動をとっていても目的は達せられないよ」というメッセージを送るようにするわけです。そして、暴れることをあきらめて大人しくなった時点で落ち着いた態度でことばをかけ、一緒に食卓についてジュースを飲むように誘っていきます。これをくり返すことで、「暴れるのではなく、大人しく食卓につけば飲み物が出てくる」という新しい学習をしてほしいと考えるのです。

この方法は、間違いではありません。しかし、ここで「家族の文脈」が影響してきます。「暴れているときは無視する」ということができるのは、おそらく一戸建ての住人に限定されます。集合住宅の上層階に住んでいれば、子どもが地団駄を踏むのを放置すれば、下層階の住人からクレームがつくかもしれません。また、一戸建てに住んでいたとしても、家族の理解が得られていなければこのような対処はできません。母親が涙の出るような思いで子どもの「暴れ」を無視しようとしていても、二階から降りてきた祖父が「うるさくてラジオが聞こえん」と冷蔵庫からジュースを出して子どもに与えて「解決」してしまえば、母親の努力は水の泡です。

それだけではありません。たとえ一戸建てに住み、家族の理解が得られていたとしても、「今週は定期試験期間に入って姉がいらいらしている」とか「今日は父親が夜勤明けで日中は睡眠をとりたがっている」といった一時的な状況によっても、子どもの地団駄を無視ができるかできないかは変わってくるのです。

発達につまずきのある子どもの場合で言えば、そもそも、療育という行為が目指しているのは、「標準発達をする子どもであれば、ごく日常的な活動の中で獲得していくスキルを、少し工夫した取り組みをすることで効率的に獲得させる」ことです。たとえば、先に例に挙げたピンチングというスキルは、標準発達を遂げる子どもであれば、「カーペットに落ちている髪の毛をつまんで口に入れる」「ファンヒーターの隙間にゴミをつめ込む」といった「いたずら」を含む日常的な活動の中で獲得されていくものです。ところが、発達のつまずきがあると、もともと運動や神経の成熟に遅れが出ることに加えて生活の活動範囲が制限されたりすることで、体験機会そのものが減少してしまったりするために、どうしても同じスキルの獲得が、生活経験だけに頼っていたのでは遅れてしまうということになります。そこで、たとえば「小球を小口の瓶に入れる」という「課題」を設定して訓練することで、スキルの獲得を早めようとするわけです。

こう考えていくと、「療育」が目指しているスキルのほとんどは、日常生活の中で必ずそのスキルを使う場面がある、ということに気づくと思います。それは、どんなスキルであっても、それを使う必要がある生活場面は、日常的な文脈の中に見出すことができるはずだ、という考え方に行き着くのではないでしょうか。

帰宅後の親子関係について（これは、翌日朝の登園前も含みます）情報を得ておくことは、

「この親子の生活のどこにどんな〝意識〟を加えたら、〝療育〟のねらいに少しでも近づく親子の交渉になるだろうか」ということを考えることの基盤になります。スーパーでの手のつなぎ方は、手先の操作性に貢献できないでしょうか。食事は構音（一般的には発音のこと。息の調整、舌の位置や動かし方、口の開け方など、さまざまな口腔内の運動が組み合わされることで正しい音が生み出される。）の訓練に応用できないでしょうか。就寝前に布団を敷く営みは、感覚運動的な訓練に応用できないでしょうか。発達障害のある子どもの多くは、内部感覚の探知を苦手としています。食事、洗顔、入浴、着替えなど、日常のルーティンの中で内部感覚を意識させる機会は多くあります。発達支援とは、専門機関での訓練だけで行われるものではなく、療育的な視点が加味された日常生活があってこそ進行する過程であると考えるべきなのでしょう。

❹ 保護者支援はなぜ必要なのか

この章の最後に、保育所はなぜ保護者支援という視点を持っているべきなのかについて考えます。そのためには、まず、幼保段階（就学前）の子どもと保護者との関係はどのような特徴があるのかということを考える必要があります。

就学前の子どもと保護者との関係の本質的な特徴は、子どもが発達的にまだ未熟である、ということです。このことはあまりにも当たり前すぎる思われるかもしれませんが、実は重大な意味を持ちます。就学前の子どもで「ケース」と言われるようになる場合には、まず間違いなくこの要因が絡んでいます。

子どもの発達が未熟な段階にあるということは、第一に、この時期の保護者―子ども関係が圧倒的に保護者優位だということを意味します。子どもは生活の全領域において保護者の手助けがなければ生きていくことさえ難しくなります。また、子どもがどのような状態にあろうとも、保護者がその気になれば力尽くでも子どもを「動かす」ことができてしまいます。この時期は、良くも悪くも子どもの保護者に対する依存度はきわめて高く、結果として保護者の要求や感情は子どもにとって絶対的なものさしになります。ですから、保育者が保護者の意向と異なるような関わりをしようとしても、なかなか子どもには受け容れられないということになります。

◇◇◇◇◇◇

年中組の女児。年少組で就園してきてから、なかなか思い切り遊ぶという姿が見られていませんでした。いつも、友だちが遊んでいる様子を少し離れて見ている、というような印象を受ける子でした。それでも就園から1年以上が経って、少しずつですが積極的な様子が見られてきていました。

ある日、この子には珍しく大乗り気の状態で、砂場遊びの輪の中に入っていきました。いつのまにか、何人もの子どもたちが力を合わせて、砂場全体を使ったパノラマ作りのような遊びになっていました。山、川、湖、道路などが作られていきます。水を流す子もいて、どろんこ遊びの様子も出てきました。この子も大喜びで遊んでいたのですが、やがて遊びの時間が終わり保育室に戻ろうとしたとき、突然この子が泣き出したのです。理由は、服が泥だらけになってしまった、ということでした。着替えれば済むことだよ、と保育士は励ましましたが、容易に泣き止む様子がありませんでした。

実は、この子の母親は、数年前から強迫性障害という精神的な困難を抱え、治療を続けていました。感染や汚染に病的なまでの恐怖心があり、同居している祖父母が触れたドアノブにも触れない、道に血痕ではないかと疑ってしまうようなシミがあるともうその道を進むことができない、という状態だったのです。女児は、泣きながら言い続けました。「服がどろんこになっちゃった。お母さんに叱られる」。

子どもの発達が未熟な段階にあるということの第二の特徴として、この時期の子どもは高い発達的な可塑性を持っているということがあります。可塑性というのは「柔軟性」に似た概念です。紙粘土などで、まだいくらでも変形させられる状態を「可塑性が高い」、もうすっかり乾いてしまって、変形させようとすると折れてしまうような状態を「可塑性が低い」と言うのです。発達的な可塑性が高いので、子どもの言動は、環境が変われば敏感に、しかも非常に速く変容していきます。

◇◇◇◇◇◇◇◇◇◇◇◇◇◇◇◇◇◇◇◇◇◇◇◇◇◇◇◇◇◇◇◇◇◇◇

両親がともに聴覚障害がある家庭。家庭内では手話が中心で、ほとんど音声による刺激がありません。子どもは乳児期の聴力検査で異常なしと判定されていました。両親は、子どものことばの発達が遅れることを心配して、ＣＤやＤＶＤで、なんとか子どもに音声刺激を与えようと一所懸命でした。しかし、１歳６ヶ月健診、２歳児健診と進むにつれて、残念ながらこの子の言語発達はやはり遅れがちであるという判断がなされました。

保健師は、子どもの就園を両親に強く勧めました。この両親が、音声会話がないということを除けば、とても熱心に子育てをしていることがわかっているだけに、なおさらでした。保健師の勧めを受け、母親も就労証明を取って、なんとか保育所の利用が可能になりました。
就園からわずか３ヶ月でした。この子は、目に見えて発話が増加してきたのです。

◇◇◇◇◇◇

この例に示されているように、集団参加という経験は家庭では提供できない発達刺激であり、大きな変容促進の要因になるのです。ところで、こうした子どもの「速い」変容に、ほとんどの場合、保護者の変容は追いつきません。そのため、わが子でありながら「こんな姿もあったのか」という驚きや発見を保護者は体験することになります。

さて、第一の要素（保護者の絶対的な優位性）は、一歩間違うと虐待を招くことにつながります。また、第二の要素（子どもの発達的可塑性の高さ）は、子どもの意外な一面を喜びをもって受け容れることができる場合には、保護者―子ども関係にとても肯定的な影響を与えます。しかし、子どもが発達する、新しいスキルを獲得するということは、必ずしも直線的に保護者を「楽」にするわけではないということがこれまで述べてきたことから考えると、保護者が子どもの発達を「たいへんになった」と認識することも珍しくないのです。そうなると、保護者としては子どもの成長を素直に喜べず、むしろ「痛み」のように感じてしまうことにもなりかねません。「保育園に通うようになってから子どもが全然私の言うことを聞かなくなった」という保護者の嘆きになってしまうのです。保護者と保育所の間に入って、こうした子どもの変化が「悪くなった」ことではなく、望ましい方向へ発達していく過程の姿なのだということを「解説」してくれる支援者があればいいのですが、そうでない場合には、保育所が保護者の不安と批判の矢面に立ってしまうことになります。そのような場合には、担任と保護者の間に立つ管理者の役割がとても重要になります。

このような保護者と子どもとの関係性について理解したうえで、今度は子どもが就園するということが家族にとってどんな経験なのかということを考えてみましょう。

子どもは、生まれてきた直後は、まず何よりも家族という環境の中で育ちます。別の章で述べますが、親と子の関係は「親が子どもを育てる」という一方的なものではなく、実はきわめて相互性の強い関係です。子どもの反応の一つひとつが、親の養育行動を微妙に変化させ、そのことがさらに子どもの反応を変化させていきます。いわば、親と子がキャッチボールをしながら、「親子」というユニットとして育ち合っていくのです。

もともと、就園は、保護者にとってそれまで家庭内や身内の中で行ってきた育児という行為の一部を、社会的な場に移すことを意味します。それはある種、「それまで自分たちがしてきた育児の採点を受ける」ような経験になります。自分の育児が他の家庭の育児と比較され、評価される――もちろん保育者はそのような言動を露骨に示すことはしないでしょうが――そうした思いを多くの保護者は抱いています。「お家では今までどういうふうにしてこられましたか?」といった問いかけも、保育者にとってはごく中立的な質問のつもりでも、子育てに困難さを感じながらきた保護者にとっては批判的な意味合いに聞こえてしまったりするのです。また、就園は、保護者にとってもわが子の発達の状況を他の同年齢の子どもと否応なく比較する機会になります。特に初めての子どもの場合にはそうです。つまり、就園という機会は多くの保護者にとって、さまざまな不安と直面する契機になり得るできごとなのです。この章の最後に、ある母親の語りを紹介しておきます。ひとりっ子で、年少組に就園してから激しい母子分離不安が起きてしまい、ついに母親が耐えきれず退園してしまった子です。

「初めての子だったじゃないですか。近くにあんまり年齢の近い子もいないし、私もあんまり外に出たい人じゃないから、結構家の中で過ごしてきたんですよ。で、保育園に入ったら、とにかくあの泣き方で……。もう、家を出るときから戦いなんです。なんだかウンザリしてしまって……。こんな思いをするなら無理に保育園に通わせなくてもいいかなって……。私も別にフルタイムでもないし、保育園に入れたほうがいいと言われたから無理に入れたようなものだから……。でも、泣いてもなんでも連れてきてくださいって先生たちにも言われて、頑張ったんですよ。子どもが泣いていても先生たちは笑って『いいよお母さん、もう行っちゃって』って言うし、そういうものかなと思っていたんですけれど、先生たちに『経験不足なんだよね、○○君は』って言われて……。いっつもそう言われたんです。こんなに泣くなんて、この子だけ特別なんでしょうか、って聞いても『みんな泣くよ。ただ、○○君は特に経験不足なんだよ』って……。何度も言われているうちに、それって私の育て方がいけなかったのかな、って思うようになっちゃって。そうしたら、なんだか子どもだけじゃなくて、私自身が先生に会うのが辛くなってきちゃって。もう、こんな思いをするなら仕事も保育園もやめてしまったほうが楽だ、っていう気持ちになったんです」

第2章

ひとまとまりの生き物としての家族

この章では、保育所における保護者支援を考えるうえで欠かすことのできない基礎的な知識として、家族システムという考え方を紹介していきます。

❶ひとまとまりの生き物としての家族

おそらくほとんどの方が「あのお母さんはひとりで話しているときとお父さんが一緒にいる場で話しているときとで人が違っているようだ」というような経験をしたことがあるのではないかと思います。これは子どもも同様です。「お父さんが迎えに来たときとお母さんが迎えに来たときでは全然違うよね」。この経験からわかるのは、家族というものが「父親の性格＋母親の性格＋子どもの性格＝家族のキャラクター」というような単純なものではないということです。もし、このような単純な図式が通用するのであれば、子どもの言動は父親の迎えでも母親の迎えでも同じになるはずです。しかし、現実はそうではありません。父親と一緒のときと、母親と一緒のときとでは、子どもは異なる言動をとるのです。

こうした現実を説明するのが、家族システムという考え方です。大ざっぱな言い方をすると、家族システムとは、家族をひとまとまりの生き物として見るという立場です。システムということばは最近ではほとんど日本語化していますが、あえて訳せば「系」という字で表記されます。システムにはさまざまな特徴がありますが、家族システムを考える場合にとりわけ重要なのは、①一つのシステムの内部にはさまざまなサブシステム（父―子、母―子、父―母、等）があり、各部分の単純な足し算では全体の機能を説明できないこと　②システムはシステムの外部との間に常にエネルギーのやりとりをしていなければ機能しなくなってしまうこと、の二つです。

まず、①について説明しましょう。家族には、ある水準は、一つ上の水準から見れば「部分」で、一つ下の水準から見ると「全体」である、という構造があります。この「一つ下」にあたるのがサブシステムです。ひとりの子どもは、きょうだいというサブシステムの一部であり、同時に母子関係・父子関係といったサブシステムの一部でもあります。そしてその家族は親族というシステムの一部であり、地域社会というシステムの一部です。親もまた、職場というシステムの一部です。そして、家族のどのメンバーも、地域社会という上位のシステムに組み込まれています。

家族の中に複数存在しているサブシステムは、相互に影響を与え合っています。たとえば、夫婦喧嘩が起きれば母子関係や父子関係がその影響を受けて変化するのは誰でも実感できることだと思いますし、母親ないし父親との関係がうまくいっていないときに、きょうだいというサブシステムがその子を守っているというような事態も想像がつくと思います。

続いて、②についてです。外部とのエネルギーのやりとりという言い方は馴染みにくいかもしれませんが、ほとんどすべてのシステムはこうした「開放性」を必要としています。エネルギーと書きましたが、これは情報も含まれます。機械的なシステムとして非常に完成度の高い自動車を考えてみましょう。どんなに優れた自動車でも、外部からガソリンの供給があって、同時に、燃焼させた排ガスを外部に放出できなければ機能しません。つまり、「必要なものを取り込んで、不要になったものは外に出す」というサイクルが動いていなければならないのです。人間も同様です。酸素や栄養を取り込まなければ生きていけませんし、適切に排尿排便ができなくなればやはり死んでしまうのです。むしろ、取り込む以上に、システムの中で不要になったものをシステムの外に排出するということができなくなった場合のほうが、システムは早くダウンすると言えます。

家族システムという考え方は、複雑なサブシステムの組み合わせからなる家族が、それぞれのメンバーが外部の世界とつながって、さまざまな情報をやりとりしている姿、そして、そうしたやりとりによって家族内のサブシステムのあり方にも変化が生じ、それがまた外部とのやりとりに変化を与えるという、ダイナミックに動き続ける姿をイメージしているのです。「家庭とは安らぎの場」と言われますが、その心理学的な意味は、「それぞれのメンバーがみんなシステムの外からストレスを持ち寄っても、家族システムの中でそのストレスを受け止めて解消できる場」ということになります。

うまく機能している家族システムでは、外から入ってきた情報に対して、家族内のさまざまなサブシステムが働いて、その情報に対する家族システムとしての反応を決定していきます。家族システムの外から見ている人間にとっては、そうした「内側」で起きていることは見えません。しかし、家族としての反応が予想している範囲内のものであれば、それ以上の疑問を持つこともなく過ごしていきます。ちょうど、硬貨を入れてボタンを押したら望んでいた通りの飲み物が出てくる自動販売機と同じです。オレンジジュースを買うつもりでボタンを押してオレンジジュースが出てくれば、誰も販売機の「内側」の過程になど思いを馳せません。しかし、オレンジジュースのボタンを押したのにお茶が出てきたら、これは「内側」の異常を疑うはずです。家族システムについてもまったく同様で、「反応」のおかしさによって初めて「内側」の異常に気づいていくことになるのです。

年中組の男児。明日からいよいよプールが始まるという日のことでした。担任がその子の爪を見たところ、かなり伸びているだけではなく汚れていました。何しろプールが始まりますから、その日の連絡帳で爪切りと爪洗いを依頼しました。

翌日、プールの前に担任がその子の爪を確認したところ、伸びたままでした。一応洗った様子はありましたが、完全にきれいというわけでもありませんでした。夕べはお家の人も忙しかったのかな、という程度の思いで、担任はその子の爪を切って、中を洗ってあげてからプールに入れました。そして、その旨を連絡帳に書き、「これから天気がいい日には毎日プールがありますので、ときどき爪を見てあげてください」と結びました。

翌日のことです。担任は遅番でまだ出勤していませんでしたが、母親がその子を連れて登園してきました。あきらかに怒気を含んだ表情の母親は、早番で出ていた保育士にまくしたてました。なんであんなこと連絡帳に書くんだ。あれではまるで私がルーズな親だと言っているようなものじゃないか。だいたい、この園では人の子の手に勝手に刃物を当てて、怪我でもさせたら責任がとれるのか。余計なことをしてくれるなって、担任に伝えとけ……。啖呵《たんか》を切るような母親の抗議に、早番の保育士は立ち尽くしてしまいました。

出勤してきてその話を聞いた担任は内心あきれましたが、早番の保育士をねぎらって勤務につきました。その日の、ちょうど午睡《ひるね》準備に入ろうかという頃、保育所近くに職場のあるこの子の父親が、たまたま昼食からの帰路で保育所の前を通りかかりました。担任に気づいた父親が、担任を門の前まで手招きし、こんなことを言いました。

「今朝、ウチの奴がなんか先生に迷惑かけなかった？　いや、朝からぶつくさご機嫌斜めだったからね。まあ先生、いろいろあるけど、あいつ馬鹿だから。あいつに何か言ってもダメなんだよね。もし何かあったら、全部俺に言ってよ。俺はもう、これで言うことききかすから」

「これで」と言いながら往復ビンタの手真似をする父親を前にして、担任は何も言えませんでした。

夕方、同居している父方の祖母が子どもを迎えに来ました。祖母もまだ働いてはいますが仕事の終わりが早いので、お迎えはたいてい祖母の仕事です。1日の子どもの様子を担任から伝えられた祖母は、こんなことを言ったのです。

「先生……ウチの嫁が何か言ってませんでしたか？　……実は、昨日は私の体調がすぐれなくて、早くに休んでしまって……。なんですか、今朝がた連絡帳を見ましたら、爪を切ってもらったとか。すみません。ただ、先生、ああいうことを連絡帳に書かれてしまうと、あの嫁の性格でしょ、もう私も孫も腫れ物に触るような気分で過ごすので……。私はこうしてだいたい毎日迎えに来ますから、これからは何かありましたら私に直接お話ししていただけないですか？」

◇◇◇◇◇◇◇◇◇◇◇◇◇◇◇◇◇◇

この家族では、「プールに入るので爪のケアをしてほしい」という単純な情報に対して、三つの異なる反応が生じているのです。このような事態になると、支援者はこの家族の中で何か機能不全が起きている、ということに気づくことになります。

ひとりの子どもがまとまりのある全体的な存在であるのとまったく同様に、家族もまたひとまとまりの生き物としてとらえる必要があります。そして、子どもに成長発達の歴史があるように、家族という生き物にも成長発達の歴史があるということになります。まったく同じ構成に見える家族であっても、その成長の歴史が同じとは限りません。

◇◇◇◇◇◇◇◇◇◇

たとえば、一回りも年の違うきょうだいのいる家族があったとします。Aの家族は、ずっと子どもは最低２人ほしいと願ってきました。１人目は順調に生まれましたが、なかなか２人目が授からないままでした。そろそろ上の子の育児も手が離れるという時期に、待望の2人目を授かったのです。一方、Bの家族は、必ずしも子どもがほしいとは思っていませんでした。１人目はすぐにでき、それなりに育児もしてきました。しかし、母親としてはある程度育児の手が離れたら、また仕事を探したいという気持ちが強くありました。最近では、求人情報を見るのが楽しみという生活をしていたのです。ところが、その矢先、思ってもみなかった妊娠に気づきました。妊娠を知った母親に生じた思いは「これでまた私は10年以上家の中に縛られる。その後で自分は仕事に就けるのだろうか」という落胆の思いだったのです。

◇◇◇◇◇◇◇◇◇◇◇◇◇◇◇◇◇◇◇◇◇◇◇◇◇◇◇◇◇◇◇

この例は架空のものですが、たとえ両親の年齢やきょうだいの年齢がまったく同じであったとしても、この二つの家族が第二子の子育てに同じ態度や行動を示すとは考えられないのではないでしょうか。Aの家族とBの家族では、第二子の誕生に向き合ったときの「歴史的な状態」がまったく異なっているからです。

このように、「家族という生き物の成長と発達」の歴史の中に子育てを位置づけるという見方が、保護者支援の根底に必要な考え方になるのです。

❷家族システムの誕生と、その後に起こること

家族を一つの生き物としてとらえる以上、家族にも「誕生」と「死」があることになります。ここでは、単純に一組の男女がパートナーシップを組んだときから家族が誕生すると考えることにします。これはあくまでも心理学的な話ですから、婚姻届を出したかどうかということは本質的な問題ではありません。一組の男女が、お互いに相手を自分のパートナーとして認め、生活を共にしていこうと決めたのであれば、それが家族の誕生だということになります。

「一組の男女」という前提は、今後は変化していくことも十分に考えられます。欧米ではすでに同性同士のパートナーシップが認められているところもありますし、日本でももしかすると同性カップルが男女カップルとまったく同じ権利を認められるようになる時代もやがてくるかもしれません。しかし、仮にそのような時代になったとしても、家族の誕生に関しておそらく揺るがない前提があります。それは、「パートナーシップを組む２人は、それぞれ別の家族の出身者である」という前提です。「育ってきた環境が違う」のです。

「育ってきた環境の違い」は、価値観の違いを生みます。「愛情とは見つめ合うことではなく、2人で同じ方向を見続けることだ」というのはサン゠テグジュペリの名言ですが、まさにその通りです。価値観などと書くと大げさに思われるかもしれませんが、パートナーシップの心地よさとは、自分が美しいと思ったものを相手も美しいと感じてくれることにあるはずです。しかし、価値観というのは何もこうした「何がもっとも価値のあることか」といった「哲学的」なものだけではありません。もちろん、こうした人間として根底的な価値観が一致していなければそもそもパートナーシップなど成り立たないのですが、価値観を少しずつ世俗的な水準に降ろしてくると、趣味、嗜好、生活習慣といったものになってきます。ここまでくると、いくらパートナーシップを組んだ相手とはいえ、最初からすべてが一致しているということはまずありません。ところが、こうした実務的・日常的な価値観は、自分にとってはあまりにも「当たり前」のもので、ほんんど感覚レベルのものになっています。これが食い違う相手と一緒にいると違和感を抱いたり、はなはだしい場合には嫌悪感さえ持つということになりかねません。

家族システムの始まりであるパートナーシップの誕生は、こうした価値観の違いが露《あら》わになり、すりあわされ、「俺のやり方」「私の考え方」が「自分たちのやり方・考え方」になっていく過程の始まりなのです。そこには当然ある程度の時間が必要になります。たいていの場合、パートナーシップを組み始めた当初というのは、性的な関係に代表されるような情緒的絆がまだ十分に機能していますので、日常水準の価値観のズレがパートナーシップに決定的な亀裂を生んでしまうということにはなりません。

◇◇◇◇◇◇◇◇◇◇◇◇◇◇◇◇◇◇◇◇◇◇◇◇◇◇◇◇◇◇◇◇

これは、私の知人夫婦の笑い話です。

「結婚したのが12月だったから、新婚早々で正月がきたんだよ。で、雑煮を作ってくれたんだけど、これがびっくりでね。味噌汁なんだよ。餅もドロドロに煮込んであってさ。『なんだこれ』って言ったら、『お雑煮でしょ』って。正直、こんなの雑煮じゃないだろ、って思ったんだよね。雑煮っていうのはすまし汁で、そもそも餅は焼いてから入れるものであって、そのまんま汁に入れないだろ、って。そう言ったら『それは雑煮じゃないじゃない。煮るから雑煮なんでしょ』って言われてさ。言われてみればそうなのかな、と。でも、なんだかな、と思った。今じゃ、すっかり慣らされちゃったけどね」

家族システムを考える際には、粘土で作る団子を想像してみてください。きれいな球形をしている団子ならば、外からの力が加えられたとき、どの方向からどんな力がかかろうと、自由自在に転がることで対応し、きれいな形を崩さずに済みます。これが健康度の高い家族だと思ってください。さまざまな外圧があっても、それらに適切に対処して、自分たちの姿を守ることができるのです。ところが、中等度に機能不全を抱え始めた家族というのは、ややいびつな形をした団子なのです。いびつですので、転がりやすい方向（対処しやすい力／問題）と転がりにくい方向（対処しにくい力／問題）が出てきてしまうことになります。「普段、近所の人と付き合うことにはなんの抵抗も問題もない。ただ、どちらかの実家に行くことだけは苦手だし変な緊張もあって、できれば盆正月も一泊で済ませたい」といったことです。とはいえ、いびつではあっても団子としてのまとまりはとれていますから、転がることはできます。非常に強い力がかかれば、転がりにくいとされている方向にでも転がります。たらいの中でいびつな粘土の団子を転がすところを想像してください。転がるうちにきれいな形を取り戻していくでしょう。これが、危機的な状況に置かれたとき、自分たちの力で家族としての求心力を取り戻していく、自己回復が可能な家族の姿ということになります。ところが団子のいびつさが一定の限度を超えてしまうと、もう外圧に対して「転がる」という対処ができなくなります。転がることのできない粘土の塊に外圧を加えたらどうなるでしょうか。粘土はどうやってその外圧を受け止めるでしょうか。おそらく、粘土自身が「変形」することで対処することになります。その場はそれで済むかもしれませんが、次にまた別の方向からの力にさらされると、前回生じた「変形」が今回の力に対する転がりにくさをさらに悪くしている、というような事態が生じます。あちこちから次々にへらを差し込まれた粘土のようなもので、最後にはバラバラになってしまいます。バラバラになってしまった粘土をたらいに入れていくら転がし続けたところで、ひとまとまりの団子には戻れません。戻るためには、断片化した粘土を集めてこね直す、外部からの力（つまり、支援です）を必要とします。これが、支援機関の介入を必要とする重篤な機能不全を抱えた家族ということになります。

パートナーシップを組んだとき、夫も妻もそれぞれなりの形をした粘土の団子です。二つの団子が一つにこね直される過程が、「自分たちのやり方」を築いていく過程ということになります。そして、ひとりの子どもの発達過程で、乳幼児期に親との関係で達成すべき課題がクリアできないままになると、思春期に入って友だちとの関係という別な面でのトラブルにつながっていくように、家族の乳児期とも言えるパートナーシップの形成段階で何か不具合が生じると、家族としての思春期である子育ての過程にその影響が出てくる、ということになるのです。そう考えると、養育に関わる問題というのは、突きつめれば必ず夫婦関係の問題であるということになります。

❸子どもの登場と家族システム内のコミュニケーション

さて、子どもの誕生というできごとは、家族システムに重大な変化を生みだすことになります。とりわけ、第一子の誕生はそうです。少し簡素化した言い方になりますが、子どもの誕生は、それまで「夫と妻」という関係性で営まれていた人間関係に、「父と母」という役割を重ねることになるのです。

通常、家族に新しく子どもが誕生してくる場合、「夫と妻」のパートナーシップがある程度安定したところでその時期を迎えるものです。つまり、「夫と妻」というサブシステムが安定したうえに「父と母」という新しい役割が重なってくるのです。「夫と妻」「父と母」という役割の二重性が生じることで、親子三人の核家族であったとしても実際の役割関係は複雑になります。「父と子」「母と子」「父と母」「夫と妻」という役割関係は適切ですが、「夫と子」「妻と子」「父と妻」「夫と母」といった役割関係はどうしても噛み合わないものになるのです。しかし、こうした「噛み合わない役割関係」でのコミュニケーションはどんな家族の中でも生じます。そもそも、社会生活をしている人間であれば、何重もの「異なる役割」を自分の中に併せ持ちます。夫と妻、双方の実家や親族との関係、それぞれの職場での人間関係、近隣との関係、これだけでもおそらく十指にあまるだけの微妙に異なる「役割」があることがわかるでしょう。私たちは、こうした多重の役割をＴＰＯに応じて使い分けながら生きているのです。ですから、こうした役割の切り替えがスムーズにいかないことだってあって当然です。仕事を自宅に持ち帰った夫に対して抗議する妻とか、決して折り合いのいいとは言えない実家にやむなく帰省して戻ってきた妻が、「娘」として感じてきたストレスを夫に八つ当たりすることで解消するとか、役割関係の不適合は家族生活の中でいくらでも起こっているのです。

適切な役割関係で交わされるコミュニケーションは、たとえそれが否定的（たとえば口論といったような）内容であったとしても、人間関係的には建設的な意味を持ちます。夫婦であれ親子であれ、適切な役割関係で向き合ったうえでの衝突は、お互いに適切な反省や行動修正をもたらすものです。ところが、噛み合わない役割関係での衝突はこうした生産性をほとんど持ちません。健康度の高い家族では、こうした噛み合わない役割関係でのコミュニケーションが起きた場合に、それを「父と母」もしくは「夫と妻」という役割関係に修正していく力が働きます。そのためには、すべての役割間（適切なものも不適切なものも含めて）でのコミュニケーションが両方向性を持っていなければなりません。

子どもが学校で友だち関係でのトラブルを起こし、母親が担任に呼び出されました。指導を受けて帰宅してからも、母親としては担任の指導内容に納得がいきません。帰宅してきた父親に、母親はさっそくにその不満と疑問をぶつけました。ところが、疲れぎみの声とともに返ってきたのは「俺、疲れてるんだ。とりあえず食事にしてくれ」でした（「母」と「夫」のコミュニケーション）。母親は内心で軽い怒りを感じながらも、食事を準備をしました。

父親が食事をしている間、母親は子どもに就寝の準備をするように告げていましたが、そこには明らかに軽い苛立ちが感じ取れました。夫から期待していた反応がなかったことへの苛立ちであることはあきらかでした（「妻」と「子」のコミュニケーション）。

食事を終えた夫は、妻の苛立ちを感じ取っていたので、まず食事の味をほめて、妻の労をねぎらいました（「夫」と「妻」のコミュニケーションへの修復）。それから、「さっきはちゃんと聞かなくて悪かったけど、学校で何があったの」と尋ねました（「父」と「母」のコミュニケーションへの修復）。気を取り直した母親は、子どもにもう休むように伝えてから、学校での出来事について話を始めました（「母」と「子」のコミュニケーションへの修復）。

コミュニケーションの両方向性が保たれていることは、子育てにもう一つ重大な影響を及ぼします。子育ての中で、親は自分が育てられてきた体験を必ず参照します。自分のパートナーが子どもと接している場面で、自分の異性の親を想起する体験は、親ならば必ずあるはずです。「私の父親はこんな言い方はしなかった」「俺の母親と同じことを言っている」といった感想を持つのです。

両親がいる家庭であれば、二組の養育モデルが存在していることになります。父親が育てられてきたモデルと母親が育てられてきたモデルです。この二組の養育モデルは、両親間のコミュニケーションを通じて、一つに織りなされて子どもに伝わることになります。ちょうど、夫婦システムが安定に向かうときに「俺のやり方」「私のやり方」が「自分たちのやり方」になっていったように、です。もしこのことが適切に起こらないと、父親の養育モデルと母親の養育モデルは、統合されないまま子どもに伝わり、子どもはダブルスタンダードで育つことを求められることになります。このような育ちをした子どもにとってもっとも困難を感じるのは、両親が揃ってしまった状況です。どちらのモードを選択しても両親のどちらかが不機嫌になるという事態に陥るからです。

両親間のコミュニケーションの基盤になっているのは、夫婦間のコミュニケーションです。先に、「養育に関わる問題というのは、突きつめれば必ず夫婦関係の問題である」と書いたのはこのことです。

❹世代間境界とその運用

家族システム内のコミュニケーションにおいて役割関係がどのくらい適切に噛み合っているか、不適切な役割関係でのコミュニケーションが生じた場合にどのくらい上手に修正できるか（つまり、コミュニケーションの両方向性がどのくらい確保されているか）、このことが家族という生き物の健康度を評価していくうえでとても大切な視点になります。そして、これと並んで、家族の健康度を測るのに重要なのが世代間境界という概念です。

世代間境界とは、精神水準の違いによって大人と子どもの間に引かれている目には見えない一線で、当たり前ですが、通常は大人のほうが圧倒的に優位です。ところが、子育ての中で、大人はいとも簡単にこの世代間境界を飛び越えて、子どもの精神水準に退行します。赤ちゃんをあやしているときなどは、その典型です。ただし、これは、確かにより低い精神水準に降りてしまうという点では退行ですが、いわゆる病的な退行と異なり、いつでも自在に元の大人水準に戻ってくることができます。いわば、とても自律的な退行なのです。

世代間境界を飛び越えた退行ができるということによって、大人は「子どもの発達水準に見合った発達要求を出す」「子どもが安全に失敗できる環境を準備する」という、きわめて重要な課題を達成することになります。たとえば、子どもが食事をしている場面を想定してください。子どもが2歳ならば、多少ごはんをこぼそうとも「たくさん食べたね」とことばをかけるでしょう。5歳になったら「こぼさずに上手に食べたね」、10歳ならば「お行儀良く食べたね」、15歳ならば「自分の食べた物くらい自分で片づけて」と言うでしょう。もし、2歳の子どもにこぼさずに食べなさいとか、5歳の子どもに食器洗いをしろとか指示していたら、おそらく周囲の人はそうした関わりを不適切なものと感じると思います。これが「子どもの発達水準に見合った発達要求を出す」ということです。

子どもの成長につれて、大人はさまざまな環境調整をすることになります。歩き始めたばかりの子どもがいる家庭では、風呂場のドアや階段に工夫をするでしょう。子どもが自分で安否の判断ができないと思われる場合には、子ども目線で環境を子どもにとって安全なものに整えるのが「子どもが安全に失敗できる環境を準備する」ということです。大人のこうした退行による配慮によって、子どもは伸び伸びと自分の力を試し、自我を発達させることができるのです。

もう一つ、この退行がもたらす重要な効果は、子育てをしながら保護者が必要以上の怒りにとらわれなくなるということです。「子どもだから」「子どものしたことだから」と考えることができるということが、子どもの持つ当然の未熟さ、できなさに対して、保護者としての怒りを抑制しているのです。磨き上げた床に子どもがおもらしをしたとしても、それが1歳台の子であればほとんどの親は怒りを感じないでしょう。それが子どもの能力として当たり前のことだと考えることができるからです。しかし、5歳になった子どもがゲームに夢中になっていてトイレに間に合わなかったということになると、これはさすがに軽い怒りを感じるはずです。子どもの年齢によって、親の退行する水準が違うからです。

子育てにおける世代間境界の運用は、飛び越えて子どもの能力水準に退行すればいいというものではありません。時と場合によっては、大人は世代間境界を厳格に維持して子どもに接します。子どものしつけとか保護という保護者としての機能は、世代間境界を遵守するという側面を持っています。「それはあなたの判断することではない」「それはあなたに理解できることではない」といった判断で、大人は子どもを守ることになります。

子どもが「外で遊んでもいい？」と尋ねてきた場合を考えましょう。「外って、お庭のこと？」「うん」という会話が続きます。大人はそこで「お庭なら好きに遊んでいいよ。でも、絶対に道路には出てはダメ」と言います。ここでは、大人は世代間境界を飛び越える「退行」によって、庭を子どもが自由に活動しても安全な環境に整備しているのです。同時に、「道路に出ても大丈夫か」という判断は子どもの能力の及ばない部分であると判断し、道路に出ることを禁止するのです。ですから、もしもこうした会話の後で、子どもが庭で遊んでいて何かトラブルを起こしたら（花壇を荒らしてしまうとか、転んで怪我をするとか）、大人はそれを頭ごなしに叱ることはしません。「庭ならば好きに遊んでいい」と言ったのですから、基本的には失敗に対して諭す対応をするでしょう。しかし、子どもが道路に出ていたとしたら、これはある意味有無を言わせずに叱責することになります。

ここまでで、家族という生き物の成長をどう評価するかという説明は終わりです。保護者支援は、こうした家族評価を基にして進められていくことになります。

第3章 発達障害をどうとらえるか

この章では、発達障害をどのようにとらえていくべきかについて説明します。もちろん、保育所における保護者支援は、子どもに発達障害がある場合に限定されているわけではありません。ただ、この章でも触れていきますが、発達障害という状態は保育所における保護者支援を考えるうえで非常にいい例になります。発達障害を扱っていますが、あくまでも子どもとの関係に困難を感じている保護者の支援全般に通じる話として理解していただけるとありがたいです。

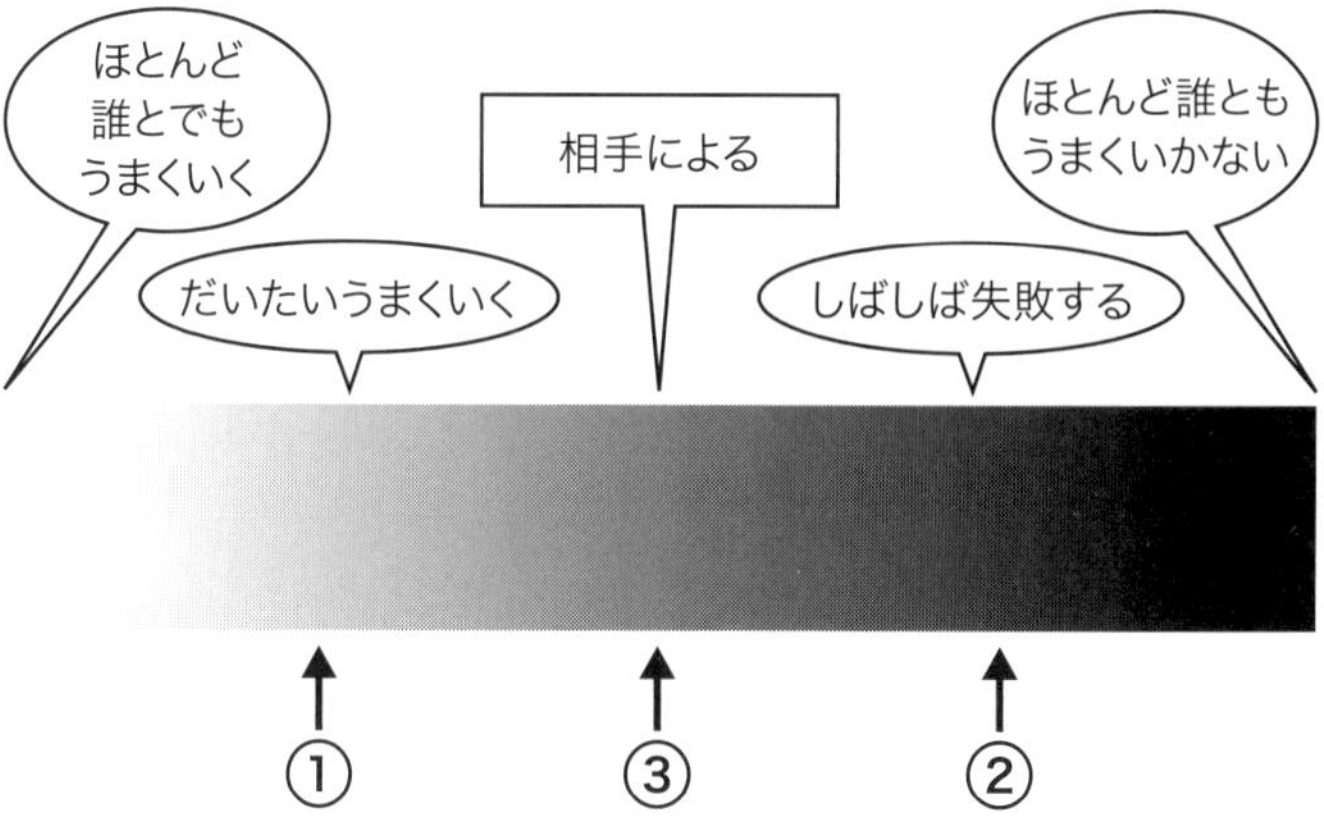

図３-１　スペクトラムとしての対人関係

❶「濃度」としての発達障害

発達障害ということばが周知のものになってくるにつれて、とても気がかりな傾向が保育現場にも見られるようになってきた気がします。「この子には発達障害がありますか？」という問いの立て方です。こうした問いが、実は支援という点では実りの少ないものでしかないということを説明していこうと思います。

上の図３−１にあるのが「スペクトラム（連続体）」です。左側は白で、右へ行くにつれて黒みが増し、右端では完全に黒になっています。ここで、「白と黒の境界に線を入れてください」と言われたとします。おそらく多くの人が、①と②と2本の線を入れて、「①から左は白、②から右は黒」と言いたくなるでしょう。では①と②の線にはさまれた領域は白か黒かと言われたら、どちらでもない、と答えるはずです。ところがここで「線は一本だけ」と言われたらどうするでしょう。一本だけならば仕方ない、中央である③の線を引くと思います。心の中で、③の線が指している部分の色は白でも黒でもないのだけれど、と思いながらです。「この子には発達障害がありますか?」という問いかけは、図3-1で白と黒の境界をただ一本の線で示せ、と言っているのと同様のナンセンスさを持っているのです。ここから先は発達障害で、その手前はまったくノーマル、などという境界は引けないのだということです。

発達障害とは、濃度だと考えてください。「発達障害っぽさ」というものがきわめて濃い人からほとんど感じられないほど薄い人までいるのです。それを濃度で並べれば、両端の人はとても違って見えます。しかし、1人ずつを両隣と比べたら、もしかするとどこが違うかわからないほど似ているかもしれません。

この「濃度」として発達障害をとらえる考え方は、実はあらゆる障害について当てはまります。車椅子の乗っている人と自分の足で走る人との差は歴然としているようですが、その中間には自力での移動がきわめて困難だができないわけではない、とか、普通に移動しているように見えるが本人としてはかなり疲れやすい、といった人が存在するのです。いや、障害だけではなく、すべての子どもの「特性」にも当てはまるのです。「身長体重」「頭の良さ」「器用さ」「社交性」等々、すべて、連続体のうえに分布しています。こんなことは現実には不可能なのですが、仮に知能という基準で日本中の子どもを一列に並べることができたとします。あえて乱暴なことばで説明しますが、この列を先頭から順々に見ていけば、どこかに「日本でいちばん〝出来の悪い〟健常児」がいることになります。その子の後ろに並んでいるのは「日本でいちばん優秀な知的障害児」です。しかし、この2人を1室に入れて観察していても、おそらくどちらが障害児かということは判断しかねるでしょう。しかし、列の先頭と最後尾の子どものの違いは明確にわかるはずです。

たとえ話から入りましょう。頭髪を考えてください。黒髪ふさふさの状態と僧侶のような剃髪した頭は、誰が見ても容易に違いを判断できます。ところが、この二つの状態を両端として、少しずつ中間に寄ってくるとどうなるでしょうか。「まだ」とか「そろそろ」という状態が出てきます。しかし、「頭髪何本から禿頭と呼ぶのか」という問いには答えようがないことに気づくと思います。連続体とはそういうものです。

図3－1の説明に戻りましょう。発達障害という特徴も連続体で、その濃度がきわめて濃い子は、対人関係で言えば「ほとんど誰ともうまくいかない」と評価されがちになるでしょう。対して濃度がきわめて薄い子は「ほとんど誰とでもうまくいく」と言われると思います。ここで重要なのは、いずれも「ほとんど誰とも」であることです。濃度の薄い端にいる子でも失敗する相手はあり、濃度の濃い端にいる子とでも上手につきあえる人もいるのです。この両端から徐々に中央に寄ってくると「しばしば失敗する」とか「たいていうまくいく」という状態を経て、「相手による、状況による」としか言いようのないところに到達します。障害がある／ないという判断は、こうした連続体のどこかに「ここから先を障害があるとする」という線を引くことです。

さて、この「発達障害っぽさ」の連続体で、両端に近いほど、私たちのその子の行動の適否を「その子個人」に求めがちになります。「よくできる子だ」「障害の重い子だ」というわけです。ところが、連続体の中間に行くほど、私たちは「関係」に原因を求めるようになります。「声のかけ方が悪かったのではないか」「家庭で何かあったのではないか」といった具合です。本当は、その子の行動の成否の原因は、常に関係性に求められるべきなのです。たとえ発達障害濃度がとても濃い子でも、大好きな先生と得意な活動をしているときには相当なレベルで「うまくいく」でしょうし、発達障害濃度がかなり薄い子でも嫌いな先生と苦手な活動をしている場面ではそれほど「うまくいかない」はずです。

発達障害を「あるかないか」ではなく、「濃度」としてとらえること。そして、その「濃度」は関係性次第でそのつど変動しているということを理解すること。これによって、支援の手立てを考える基盤ができます。「あるかないか」の問いでは、最悪の場合「どうしてこの子は他の子と同じことができないのだろう」「自閉症スペクトラム障害だから」という問答になってしまいます。これは支援として意味を成しません。「集団が大きすぎたから」「後ろから声をかけたから」「予定をあらかじめ伝えていなかったから」という説明――関係性からの説明があって、初めて支援の手がかりが見え始めるということです。

❷「リスク」としての発達障害

次に「リスク」という視点から発達障害を考えます。発達障害はしばしば「能力のばらつき」という説明をされます。しかし、さまざまな領域ごとに能力のばらつきがあるのは誰でも同じことです。能力のばらつきから生じる得手不得手があり、そこから各種の好き嫌いが生じるのも同様です。ところが、「誰にでもある」ことなのだからそれは個性だ、といって済ませてしまうにはリスクの大きすぎる人たちがいます。

障害は個性だ、という言い方は、確かに美しい響きがありますし、啓発的なスローガンとしてとても有効かもしれません。私自身も、そのような考え方が完全に浸透している世の中であればどんなに暮らしやすいだろうか、と思います。ところが、個性ということばにはある種の冷たさもあって、「自己責任でしょ」という意味合いも含まれてくるのです。「それはあなたの問題でしょ」ということです。個性としてとらえることは間違いではないが、同時に、周囲からのサポートが適切に得られなければリスクを上手に回避できないような個性の持ち主もいる。発達障害とは、そうした人たちのために見出された概念だと言うことができるでしょう。

左の図3－2を見てください。手前の人は、発達障害の濃度がとても薄い人、つまりごく標準的と言われる人です。上段に描いた10人は、いわば「世間」だと思ってください。手前の人はいわゆる「健常者」ですが、この人だって苦手なことや知らないことを持っています。苦手とすることに取り組まなければならなくなったら、誰かに「手伝ってください」「教えてください」と頼むことになります。すると、10人描かれている「世間の人」の、8人まで

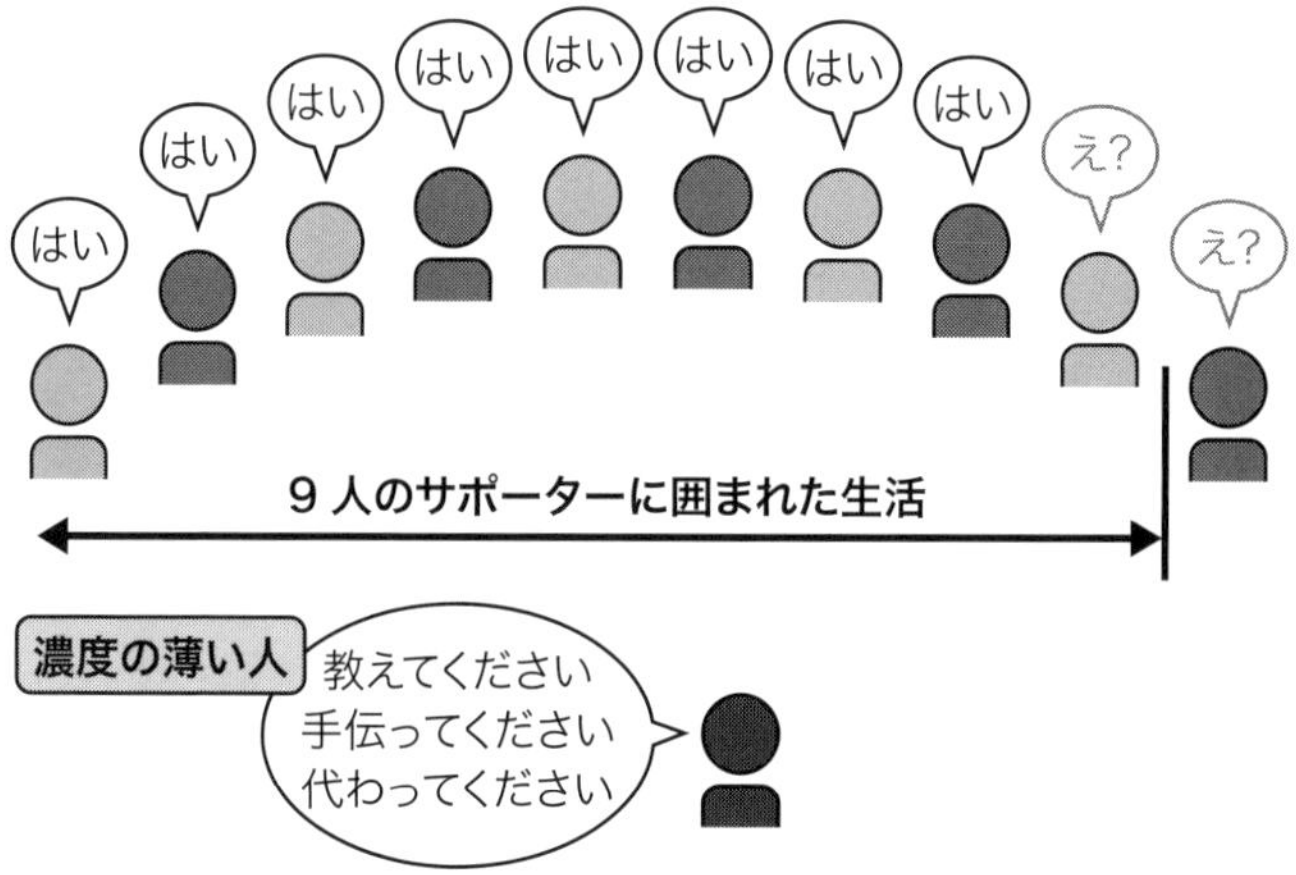

図３-２　「濃度の薄い人」と周囲との関係

が「いいですよ」と快諾してくれます。残る2人はというと、ちょっと怪訝《けげん》な反応をするでしょう。それでもそのうちの1人は結局は手伝ってくれるし教えてもくれるようになります。つまり、「健常者」とは、10人のうち9人がサポーターに回ってくれることを期待しながら生活を組み立てることができている人のことなのです。8人がどうしてそんなに簡単に「いいですよ」と言ってくれるのかと言えば、頼んだ人の「できなさ」「わからなさ」が、聞いている人にすぐに伝わるからです。聞いている人にもそれぞれの「できなさ」「わからなさ」があり、領域が違ってもそうした「能力のでこぼこ」があることは理解できるのです。

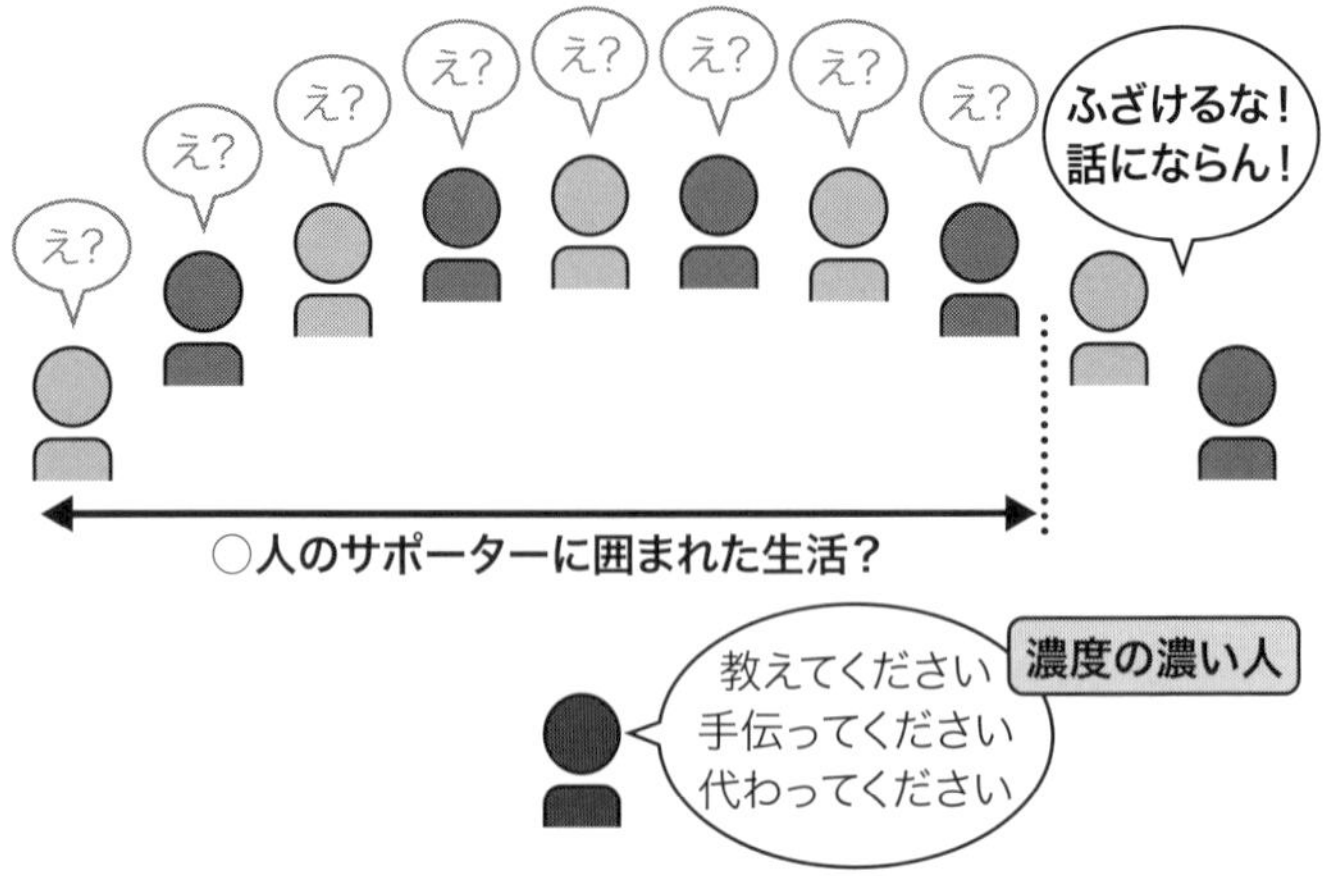

図3-3　「濃度の濃い人」と周囲との関係

では、発達障害濃度の非常に濃い人ではどうなるでしょうか。図3－3を見てください。

発達障害と言われる人たちが同じことをすると、10人のうち8人が「え？」と怪訝な反応をするのです。残り2人はというと、残念ながら「ふざけるな！」と怒り出してしまいます。発達障害濃度が濃くなるほど、その人の発信する「できなさ」「わからなさ」が、世間の人からは理解できなくなっていくのです。

人間は、苦労して獲得したスキルについては簡単に教えることができます。獲得してきた道筋を自覚しているからです。しかし、当たり前にできてしまっていることを教えるのは困難です。一輪車の乗り方ならば教えられても、歩き方を教えるのは難しいということです。それが教えられるのは、歩行のメカニズムについて専門的に学び、訓練されてきた人だけということになります。８人の「え？」は、手前の人が何に困っているのかがわからない、という困惑の現れなのです。

怒ってしまった2人にはもうサポートは期待できません。そうなると、８人のうちの何人がサポーターになってくれるのかが勝負ということになります。もし、この全員をサポーターにすることができれば、標準的と言われる人と比べたとしてもサポーター数は9人と8人で大差なく過ごしていくことができるはずです。しかし、２人しかサポーターになってくれなかったとしたら、これはかなり生きにくくなってしまうでしょう。だから、どうやってサポーターになってもらうのか、自分の不得手や困難をどのように説明するのか、そこがいちばんの課題になります。さらに言うと、そのようなサポート依頼をきちんとしていくためには、そのサポートさえあれば自分は何がどこまでできるのかということをよく知っている必要がありますし、一定の自信を持っている必要もあるということになります。

誰でも自分に欠けているものを誰かにサポートされて生きていますが、そのサポートを求めることができるようになるために周囲からの意図的な支援を必要とする人もいるのだという認識が発達障害という概念の理解には重要です。

これまでの障害児療育では、「3歳の時点で障害児であると判定された子は、成人したら100パーセント障害者になる」という前提がありました。発達障害という概念は、それを覆《くつがえ》そうとしています。たとえ子どもの頃に発達障害と診断されたとしても、適切な支援が得られるならば、成人後に「発達障害者」ではなく「そういう人」という範疇の中で生きていくことができるのです。とすれば、診断や判定は適切な支援を得るためのパスポートとしてとらえられるべきでしょう。こうした考え方は、もちろん本質的にはすべての「障害」について当てはまることです。ただ、発達障害は、こうした考え方をとても見やすくしてくれる概念だということができます。発達障害とは、放置して「自己責任」に任せてしまえばその子の生きにくさを加速度的に増大させてしまうリスクなのだ、ということです。

ここで非常に重要なことがあります。発達障害支援ではしばしば、当該の子どもに対する指導として「上手にヘルプを求めることができる力」を目指します。そのためには、今も述べたとおり「自分の得手不得手」に対する自己認知も重要ですし、今、友だちは自分の手伝いをできる状況だろうかということを判断するための他者認知も重要です。そして、何よりもヘルプを求めていくためのコミュニケーションの能力が問われることになります。これはまったく間違っていません。

ところで、ここで考えてほしいことがあります。みなさんにも、それぞれ得手不得手があると思います。誰かに手伝ってもらったり、代わってもらいたいと考えることもあるでしょう。それを依頼するとします。相手がすんなりと了解してくれればそれでいいのですが、そうはいかないこともあるでしょう。「え？　そんなこと自分ですればいいのに……」という反応が返ってくることもあるはずです。そのとき、どうして自分がその活動にそれほど苦手意識を持っているのか、どこをどう手伝ってもらえれば自信を持って取り組めるのか、説明することになります。しかし、自分の苦手について、そして、それをカバーする方法について、それほどしっかりと説明できるのであれば、自力でもなんとかできそうな気がしませんか。

自分の苦手について説明するというのは、なかなか難しいことなのです。よく、学習指導などで「どこがわからないのか言える子どもはわかっている」というようなことが言われますが、まさにそうです。ですから、発達障害と呼ばれる子どもたちに「上手にヘルプしてもらえるようになろう」と働きかけるだけではなく、その子を取り巻く「濃度の薄い子どもたち」に対して、「どんなふうに関わっていけばうまくいくだろうか」ということを考えさせて、「ヘルプする力」を養っていくこともとても重要なのです。

これは、小学校の事例ですが、私が感動した事例です。

その年度に着任した先生の話でした。担任した学級には発達障害の診断がついている男の子が在籍していました。授業中などに情緒的に不安定になることもよくある子で、その場で気分を収めることができないときには教室から出て行ってしまうこともありました。

先生が学級を担任してからほどなくして、学級の子どもたちから提案がありました。〇〇君（診断のついていた男の子）はときどき授業中に気分がおかしくなっちゃうから、そうなったときの隠れ家を作ってあげたい。〇〇君は狭いところが大好きで、机の下とかオルガンの隙間とかによく入ってる。だから、掃除道具の入ってるロッカーを、〇〇君専用の隠れ家にしてあげたらどうか。掃除道具は他にも置くところがあるし、隠れ家があれば〇〇君は教室から出て行かなくてもすむのではないか……。

子どもたちの提案が真剣に〇〇君を気遣ってのものだということは担任にもすぐにわかりましたが、さすがに迷いました。掃除道具のロッカーに入れるというのは、見ようによっては酷い体罰になりかねないのでは、と思ったのです。しかし、子どもたちの思いも無視できず、担任は、○○君の両親にことの経過を伝えて、どうしたものだろうかと相談しました。担任の話を聞いて、両親は、その提案をしたのは△△君や□□君ですか、と聞いてきました。担任は、確かにその子たちも提案してきた子どもの中に入っています、と答えました。すると、両親はこう言ったのです。

「それならば先生、そうしてください。あの子たちは保育園からずうっとウチの子と一緒に育ってきてくれた子たちです。あの子たちが考えたことなら、ウチの子にとって一番だと思います」

子どもの支援について述べているように感じるかもしれませんが、実は、子ども集団に対して「どうやったらみんなでうまくやっていくことができるだろう」という投げかけをするためには、保護者がそれぞれの子どもの能力や特性について正しく理解していることがどうしても必要になります。保育者がいくら「A君にはこんなふうにしてあげたら仲良くできるんじゃないかな」と投げかけても、肝心のA君の保護者が「ウチの子にはそんな配慮は必要ない」と主張していたら、支援はそれ以上進めないことになります。そう考えると、保育者が子どもの発達障害について適確に理解し、その子の支援を周囲の子どもとの関係性の改善という視点で説明できるようになることが、保護者支援にもつながるということが理解できると思います。ここに挙げた例では、保育所時代からこうした支援がうまくいっていて、発達障害と言われる子どもが子ども集団の中にしっかりと居場所を持ち、子ども集団に対して保護者の信頼が確立されていたということができるでしょう。

❸「やり方」としての発達障害

この章の初めで、発達障害を「あるかないか」でとらえる見方を疑問視しましたが、こうした見方はカテゴライズ（ひとりの子どもをある枠組みの中に入るか入らないかの二分法で判断する）の考え方です。この考え方が支援の手立てを生みだすことにつながらないということはすでに説明した通りです。必要なのは、子どもをカテゴリーではなくメカニズムで理解することです。言い方を換えると、その子のつまずきやできなさを「能力」ではなく「やり方」で説明するということです。大人にとってこれはかなり自覚的な努力を必要としますが、実は、子どもたちはちょっとした方向づけでこうしたとらえ方ができるようになります。

私のダウン症のある長男（たくや、と言います）が保育所に通っていた頃の話です。年長組の子どもたち（当時たくやは未満児クラスでした）の中で「たくやはしゃべれない」という話題が出たことがありました。それまではそんなことを気にかける様子のなかった子どもたちが「しゃべれないんだ」ということに気づくと、あっというまに「たくやは僕たちと違う」という認識に傾き出したのです。そのとき、保育士がこんな話を子どもたちにしました。口でお話をするだけが、話すことではないんだよ。体を曲げたり手を振ったり、いろんなやり方で思ってることを伝えられるんだよ。いろんな人がいるんだ。手がなかったり、耳が聞こえなかったり。でも、みんなそれでくじけてしまわないで頑張っているんだよ。みんなは当たり前のように箸でご飯を食べるけど、箸を使えない人もいるんだよ。でも、そういう人も、みんなとおんなじように毎日毎日ご飯を食べて暮らしているんだよ……。ある男児は、このことにどうやら納得できなかったようです。その子はその日自宅に戻ると、突然両親相手に無言でゼスチャーをくり返したそうです。それがすべて通じることを確認すると、翌日には保育士に対してもゼスチャーをくり返しました。それもまた伝わることがわかり、ようやくその男児は心から安心したようにたくやのところに走って行ったそうです。「たくやは、タクヤ語をしゃべってるんだよ」という発見をみんなに伝えるために。

◇◇◇◇◇◇

保育現場にいると、子どもたちの心の驚異的な柔軟さにしばしば出会うはずです。そこには「○○ができる、できない」ではなく、「～のようなやり方をする友だち」という理解をしていく姿があります。これは大人がおおいに学ぶべき姿勢です。子どもをメカニズムで理解するということは、こういうことです。この理解の仕方からは、次々と「手立て」が導き出されてくるはずです。実は、子どもの言動を「やり方」で説明できる力は、その支援者が保護者に対して持つ訴求力や説得力にも直結してきます。

理解しがたい子どもの言動に接すると、支援者はしばしば「なんで、どうして」と考えます。もちろん、それは大切なことです。ただ、このとき「原因」とか「理由」を探すことにとらわれてしまうと、最悪の場合これまでに述べてきたような「能力」や「カテゴライズ」の考え方に陥ってしまいます。「対処」や「仮説」を考えることを癖にしていくことが重要です。「この子がこういう状態のときには、～したら○○になるのではないか」という発想です。こうした問いの立て方を、環境や関係性に対して積極的に働きかけていくという意味で工作的発問と呼びます。

工作的発問のよさは、仮にその対処方法がうまくいかなかったとしても、「このやり方ではうまくいかないのだ」という発見ができることにあります。「転んでもただでは起きない」ようになれるということです。工作的発問をすることは、常に目の前の子どもに対して、現状がどのようなメカニズムで生じてきたのかを考えることにつながります。

もちろん、子どもの言動の「原因」や「理由」を解明することは重要です。それがもし「根絶」できるものであれば、ある意味で抜本的な対応をすることも可能になるからです。ただ、注意しなければならないのが、「原因」や「理由」に対する問いかけはすべて「過去」に対する問いかけであるということです。誤解のないようにややくどく書きますが、子どもの生育歴を調べたり、家族の過去のエピソードを調べたりすることは、現状を理解するうえで不可欠のことであって、「過去」への問いかけそのものが悪いと言っているのではありません。ただし、「過去」への問いかけは、その答えが「未来」を創りだすことにつながっていなければ支援としての意味を成さないのです。「母親が以前にこれこれの関わりをしてきたから子どもが今このような言動をするのだ」という理解をしたとして、その結論が「だからもう仕方がない」ではどうにもならないのです。支援という仕事は、どのような年齢、どのような状況でそれが開始されたとしても、本質的には未来志向の仕事です。これから何ができるか、を探す仕事なのです。それを見つけるために過去を知る必要があるのであって、間違っても過去をあげつらって現状に諦観し、支援を放棄してしまうようなことがあってはならないと考えておくべきなのです。

❹「障害」の二面性の理解

ここまで、発達障害をどうとらえるかということについて述べてきました。この章の初めにも触れましたが、ここで説明した考え方は、決して発達障害があると言われる子どもたちにだけ当てはまることではありません。子どもの行動のメカニズムを理解すること、その成否に与える関係性の影響を重視すること、望ましい関係性を発達させるうえでのリスクという視点で支援を考えること、できるできないという能力論ではなく、それがその子のやり方であるという理解のうえに立って、そのやり方の改善に向けた取り組みをすること。こうした子ども理解が、保護者支援の基礎になるのです。

この章の最後に、障害というものを二面性で理解することの重要性について説明しておくことにします。

「障害」には、二つの側面があります。「個人の特性としての障害」と「人と人との関係性としての障害」です。障害者基本法という法律では、前者を「障害」、後者を「社会的障壁」と呼んでいます。この二つの側面は障害の種別を問わず存在していて、同じ現象を見ていてもまったく違った視点と軸足を提供することになります。保護者支援における「食い違い」は、この軸足の違いから生じてきていることも多いのです。

「個人の特性としての障害」とは、その子にどのような言動の特徴があるのか、ということであり、一般的に「発達の評価」とか「実態の把握」と呼ばれる営みはすべてこの「特性」を記述しようとしていると考えてもいいでしょう。知能指数とか発達指数というのはその代表的なもので、要するにその子には何ができて何ができないのか、という観点で子どもを評価する考え方です。こうした評価の仕方には、根底に「何歳ならば○○ができる」というモデルがあり、その子がこの発達モデルの階段の何段目まで到達しているのか、という見方をします。子どもが次に目指すべき発達課題がどこにあるのかということを知るためには、重要な営みだと言うことができます。ただ、こうした見方の難点もあります。発達とはさまざまな領域にわたるものです。個人内差の激しい子どもの場合、「粗大運動（走る、跳ぶ、など全身を使った運動）は

4歳0ヶ月、微細運動（つまむ、指ではじくなど、身体の一部（主に手指）の動きを微妙にコントロールする運動）は2歳0ヶ月、言語は1歳0ヶ月、生活技能は3歳0ヶ月……トータルで2歳6ヶ月」などと言われてしまうと、その子のどこにも「2歳6ヶ月」の現れはないということになってしまうのです。そもそも、複雑な発達の状況を少ない指標で示そうとすればするほど実態からは遠ざかっていく、と考えていたほうがいいでしょう。

さて、ここまで述べたように、「個人の特性としての障害」の視点が「～ができる／できない」というものだとすると「人と人との関係性としての障害」の視点は「～がわからない」というものになります。なかなか排泄の自立ができない子どもに対して、「まだトイレを教えることができない」という見方と、「この子がトイレに行きたくなっているかどうかをどう判断したらいいかわからない」という見方になるのです。

「特性」論的な立場は、きわめて分析的です。ある活動ができるためには、どんなスキルが必要か、と考えますし、ABC三つのスキルが必要だということになって、子どもがまだAのスキルしか獲得していないということであれば、BとCのスキルを獲得させよう、というスモールステップでの考え方になっていきます。これは合理的なのですが、たいていの場合、「AとBとCのスキルが揃ったらDの活動ができる」というのは、Dの活動を完全に自力で行うための必要十分な条件ということです。現実の支援の場では、Ａのスキルしか持ち合わせていない子どもであっても、環境設定の工夫がＢの代わりになり、友だちの支えがＣの代わりになり……といった条件によってＤの活動に取り組んでいるものです。さて、これに対して「関係」論的な立場はきわめて直観的です。一つ、見事な例を紹介しましょう。

◇◇

４歳の自閉症スペクトラム障害の男児。母と支援者が見守る中で公園のジャンボ遊具で遊んでいます。そのとき、母親がぽつりと「あの子は本当に良くなったわ」と言いました。これを聞いた支援者はうなずきました。実は、心の中でまったく同じことを考えていたからです。そこで、支援者は母親に質問しました。「私もそう思っていました。お母さんはどうしてそう思われたのですか」。

このとき、支援者の頭の中にあったのは、①視線が合いやすくなってきた、②構音が明瞭になってきた、③「だめ！」と言うと立ち止まってくれるようになってきた、の３点でした。特に③は、道路への飛び出しや橋の欄干へのよじ登りなどが頻繁だったこの子にとってとても重要であると考えていました。

母親は「私、この前、熱を出したんだよね」と答えました。支援者は、このことばの意味が理解できず、たぶん母親には自分の質問が聞こえなかったのだろうと考えて質問をし直そうとしました。しかし、その後に続いた母親の語りはそんな支援者の思いを一蹴するものでした。

「私、あの子に自閉症の診断がついた日から、ただの一度も体調を崩したことがなかったのね。だって、私が寝込んだりしたら、ひどいことになるもの。何が起こるかはわからないけど、道で車に轢《ひ》かれるか、川に落ちるか、家に帰れず路頭に迷うか。家にいたってベランダから墜ちるかお風呂で溺れるか……。でも、今は違うの。私が寝込んでも、もしかしてそのまま死んだりしても、この子は母親が死んだことは理解できないだろうけれど、暗くなったら家に戻ってくるだろうし、戻ってきたら墜落も溺死もしないで、きっと夫が帰宅するまで待つと思う。私、そのことを心の底から信じられるようになったんだよね。もう、体調を崩しても大丈夫。この子は本当に良くなったのよ」

◇◇◇

「私が熱を出したからこの子は良くなったのだ」……この言い方は、論理としてはめちゃくちゃです。別の自閉症の子が相談に来ていて、「どうしたらこの子が良くなりますか」と質問された支援者が「お母さん、熱を出してみたらどうですか」と答えている状況を想像してみれば、それがどれだけナンセンスなことかがわかります。しかし、このことばはそのような「論理」から出ているのではないのです。自分の体調不良に気づき、確か解熱剤があったはずだ、と薬を出した母親が、手のひらの上の薬にふと違和感を抱く。ずいぶん久しぶりな気がする。パッケージを裏返して消費期限を見ると、数年前に切れている。そのとき、一瞬にして自分と子どもを取り巻いている「景色」が変わるのです。

こうした直観的な理解は、保護者が障害のあるわが子との生活に自信や余裕を持っていくうえで非常に重要です。「障害の特性」がどう変わったということではなく、「この子と生きていける」という感覚をつかむことにつながるからです。

ただし、こうした直観的理解はまさに直観であるがために、なかなか応用が利きません。子どもが幼いときにこうした直観によって救われたとしても、思春期に入って別の課題に直面したときにまた別の直観が訪れてくれるとは限らないのです。そこで、支援者としては、分析的な視点でこの「直観」を説明していくことが必要になります。どうして母親がそのように感じられるようになったのか。子どもの何が変わったからなのか。その変化をもたらしたものは何なのか。そうした分析をすることで、保護者の得た自信や、育児の中で重ねてきた努力を裏打ちしていくことになります。また、それをすることで、支援者としてもAという親子との関わりで経験したことがらをBという親子との関わりに応用していくことができるようにもなっていきます。

ところで、「特性」論的な見方に軸足を置く人と「関係」論的な見方に軸足を置く人との間では、意見がすれちがうことも珍しくありません。たとえば、学校で給食の時間に通常学級の子たちと交流させてほしいという願いを保護者が訴えたとします。先生からすれば「25分の時間内で食べ終われない」「飲み込まないうちにしゃべろうとするから汚いと言われる」「牛乳をまったく飲もうとしない」等々、通常学級の給食ルールの中に入るにはまだまだ課題がある、と考えていますから、そうしたスキルを一つずつ獲得させていって、それから交流させよう、と伝えます。しかし、保護者は納得しません。そんなことをしている間に時間はどんどん経過するわけですから、通常学級の子どもたちは自分の子どもに対する友だち意識を薄めてしまう。それでは何のために一所懸命に地域の保育所で一緒に育ってきたのかわからない。時間内に食べ終われなかったのならそこで片づけてしまって構わない。それでお腹が空くようなら次は早く食べようとするだろう。汚いと感じるならそう友だちから言われたほうが気づける。牛乳なんて飲めなくても仕方がない……。「先生、できるようになったら交流する、ではなくて、できるようになるために交流して」。熱意にほだされて、不安を抱きながらも給食の交流を試みると、意外にもきちんと食べることができたりします。そうなると保護者からは「お友だちと一緒なら何でもできる」という主張が出てきます。しかし、支援者たる先生はそうは思いません。今日はたまたま4時間目が時間通りにぴったり終わって、たまたま配膳した女の子がとても気の利く子で、たまたまその女の子と本人の関係性がよくて、たまたま入った班の子がみんなお行儀のいい子たちで、たまたま大好きな献立で……明日は4時間めがプールで着替えにはとても時間がかかり、配膳するのは腕白で本人が苦手にしている男の子で、参加する班はみんなおしゃべりで、しかも本人の大嫌いな献立。もう、明日は確実に今日のようには食べられない。そう考えるから、「まだこの子には力が十分ではない。どんな献立でも、どんな時間割でも、どんな班にいても食べられるようになるには、まだまだ練習が必要」と伝えるのです。「たまたま、関係性に支えられてできたことだから、それを本人の自力にしていくためにまだまだ指導したい」と考える立場と、「できたのだからそれでいいじゃないか。どうしてできているのにそれ以上に努力しろと言うのか」と思う立場とがぶつかるわけです。

　保護者と支援者の思いが対立するときには、得てして「障害」を見る立場の違いが大きく隔たっているものです。一度、自分と保護者の主張がどのような軸足でのものなのかを冷静に検討してみることで、関係改善のためのきっかけを見つけることにつながります。

ここまで、支援者が「特性」論的な立場で、保護者が「関係」論的な立場になる、という想定で書いてきましたが、もちろんこの二つの見方は支援者と保護者それぞれの中にもありますし、経過とともに変化もしていきます。とりわけ、就学といった大きな節目の前では、それまで友だちや担任との「関係」によって園生活の質が高まっていくことを喜び、感謝していた保護者が、「でもやっぱり○○や△△くらいのことは自分でできないと、とても学校では……」と、非常に「特性」的な見方をし始めたりすることがあります。新しい環境での「関係」的な支えがどの程度あるのかがわからないために、わが子の「できなさ」に対する不安が大きくなってしまうのです。不思議なもので、保護者がこうした「特性」的な見方を強めてくると、支援者は「でも、そこは担任の先生に上手にやってもらって」とか「きっとお友だちが理解してくれると思うよ」といった「関係」的な見方を返したりするものです。

もともと、二つの見方のどちらかだけが正しいということではありませんから、支援者と保護者の見方がずれていること自体を悪いことと考える必要はありません。どちらの見方もある、ということを理解したうえで、その状況ごとにもっとも適切と思われるバランスを考えていくことが大切なのです。

ひとりの保護者の中にも、「特性」的な見方と「関係」的な見方は存在しています。障害のある子どもを育てている保護者の願いは、突きつめれば、「どんなことでもいいからこの子の障害が改善してほしい」という「特性」的な願いと、「どんな形でもいいからこの子の生活が楽になってほしい」という「関係」的な願いだということになります。この二つの願いがシーソーに乗っているようなものです。どちらの願いにより強く傾くか、ということはそれぞれの家族の個性によって異なってくるのです。

第4章

家族の発達が歪むということ

この章では、子どもの発達と家族システムの発達の絡み合いと、不幸にして家族システムの発達に歪みが生じてしまう状況について説明していきます。これは、いわゆる「鶏と卵」で、どちらの要因がどちらに影響を与えているのか判断しにくいほど相互に絡み合っています。

❶コミュニケーションの歪み

家族システムにおけるコミュニケーションの健康度は、役割関係の適切さとコミュニケーションの相互性で評価されます。この二つの要因は、相互に絡み合っています。役割関係の崩れは、子どもの誕生以前から芽生えていることもあります。

◇◇◇◇◇◇◇◇◇◇◇◇◇◇◇◇◇◇◇◇◇◇◇◇◇◇◇◇◇◇◇◇◇◇◇

小児がんを抱えた3歳の男児。妊娠時から切迫流産などの危機的な状況が重なっていたが、出生後は順調な発達に見えていました。しかし、1歳過ぎに病気が判明し、長い入院を経験しました。この間は子どもの嘔吐が激しく、母親は自分の無力を痛感しながら子どもと向き合っていたと言います。退院後、発達相談につながってきたのですが、母親の語る子ども像が現実の姿というより「あるべき姿」に偏っている印象がありました。この時点では、長期入院の影響とも思われるような、社会的関心の弱さが子どもに認められていました。

母親は父親のことを問われると「すばらしい父親です。非の打ち所がない人です」と語りました。この語り口そのものが常識的にはやや奇異に感じました。こうした理想化とも言うべき心理は、母方の祖母（つまり母親の実母）に対しても向けられていました。この祖母は、ある幼児教育理論に心酔し、一切幼稚園や保育所を使わず母親を就学まで育て上げたという人でした。

このケースは、子どもの疾患に対する治療の進展も含めて、最終的には通常学級での学校生活が安定していきました。ただ、その過程では、ともすれば極端に走る母親の育児態度（「病院でテレビばかり見せていたので退院後はもう絶対に見せません」「弟の夜泣きでこの子を起こしてしまうのがかわいそうで耐えられません。だから弟は父親と別室で寝てもらっています。でも、私は本当は夫婦で寝たいんです。そのイライラのせいで、夫にも子どもにも心にもないようなひどいことばを投げつけてしまうんです」）が問題になりました。そこには、きわめて理性的で論理的ではあっても、母親にとっては「支援者」というより「指導者」になってしまっている母方祖母と父親の存在がありました。関わりが進む中で、こうした母親の思いのルーツがここにあったのかと思わされる語りが聞かれました。

「私は、世間が母親の言っている通りではないのかもしれないと、高校生になって初めて気づきました。そのとき、高校の担任だった主人に出会いました。この人ならずっと私を指導してくれると思いました。恋愛と結婚は違いますよね。恋愛は終われるけど結婚は終われない。だから私は恋愛ではない結婚をしようと思いました。夫はとても尊敬できる人ですし、私の指導者です。でも、子どもへの関わり方をめぐって、なんだか少し違うという気持ちが最近になって出てきてしまうんです」

このケースでは、そもそも配偶者の選択の時点で、「対等に向かい合う」という前提が崩れています。夫婦システムは、「担任と教え子」という関係性のままで始まっていて、容易に修正されませんでした。

こうした例もありますが、多くの場合、役割関係の歪みは子どもの誕生後に顕在化してきます。それは、夫婦という役割関係のうえに両親という新たな役割が加わることで、役割関係が一気に複雑化するためです。子どもに何らかの発達的なつまずきがある場合などは、医療機関や療育機関への通いが必要になることもあり、通常、その多くに付き添う母親は、どうしても「母」という役割が生活の中心になっていきがちです。そのことは、男性側からすると、「夫」をケアしてくれる「妻」が薄れていくような感覚になることもあります。そのため、ことさらに「妻」を要求することが増え、結果として「夫と母」という噛み合わない役割関係が定着してしまうようなことも起こりがちです。

役割関係の歪みを生じさせやすいもう一つの要因は、両親双方の実家との関係性です。父親であれ母親であれ、自分の子どもと過ごした時間よりもはるかに長い時間をかけて、自分の両親との関係性を築いてきています。しかも、その関係性は、両親にとって無意識のうちに規範的な役割を持っていることが多く、ともすると自分のパートナーに対する否定的な思いのベースになってしまうことがあります。「この人の育ちは自分とは違うんだ」という思いが、パートナーに対して「息子」とか「娘」といった、実家の祖父母とパートナーの関係性のほうを強く意識してしまうことになるのです。

自分が家族の中でどの役割で行動したり発言したりしているのかということは、意外と自分ではわからないものです。また、瞬間ごとではなく、長い時間を通してみたときにもっと前面に出ている役割についても同様のことが言えます。支援にあたっては、保護者の思いや悩みを生みだしている役割が何なのかということを指摘することも必要になります。

ただし、こうした役割関係のズレに対する支援では、気をつけなければならない重要なことがあります。たとえば、目の前の保護者の悩みが子どもとの関係（つまり、「父」とか「母」といった役割）でのことではなく、嫁と姑とか、積年の兄弟関係といった役割から出てきているという判断がなされた場合のことです。純然たるカウンセリングの場であれば、当然、保護者の悩みを生みだしている役割に焦点を当てて話を進めることになるでしょう。しかし、保育所における保護者支援では、はたしてそれが保育所としてふさわしい役目なのかどうかは検討の余地があります。保育所という機関の特性上、そこで扱われている役割は基本的に「親」です。嫁姑の問題や夫婦間の問題に耳を傾けることも相談に乗ることももちろんできるでしょう。しかし、それをしてしまうことで、特定の保護者と保育者との関係が、他の保護者との関係から大きく異なってしまうことにもなりかねません。とりわけ、依存的な傾向の強い保護者の場合、保育者が自分の悩みを聞いてくれることに頼ってしまい、送迎の場面で長々と保育者を「独占」してしまったりすることにもなりかねず、結果としてこの保護者を保護者集団から浮き上がらせてしまうことにもなったりします。よかれと思ってしてきた支援が、役割認知の食い違いから重大なトラブルになってしまった例を紹介しましょう。

◇◇◇◇◇◇

年中組の男児。両親は前年度の途中で離婚していて、現在は父子家庭になっています。離婚後は当然ですが送迎はすべて父親がしてきました。

年中組から担任になった二十代で独身の保育士は、登園してくる子どもの着替えの準備状態などから、慣れない育児に奮戦している父親の姿をみてとり、できるだけ父親に声をかけるよう努めました。声がけは単に保育所での子どもの様子についてだけではなく、夕食の献立のヒントになるような話題や、子どもの迎えのために仕事を切り上げてくることのたいへんさ、子どもがどのように父親の奮闘を見つめているか、といったことにも及びました。その努力もあって、父親は徐々に担任に心を開き、家庭での子どもの様子や、離婚前の母子関係に抱いていた危惧の念なども語るようになってきました。父親との心理的距離が近づくにつれて、子どももまた担任との信頼関係を深め、担任した当初に見られていた落ち着きのなさも消失してきました。

すべては好転しているように見えましたが、その年の年度末に「事件」は起きました。父親が、担任にプロポーズしてきたのです。もちろん、担任の保育士にそんな意思はまったくありませんでした。しかし、結果として、年長まで持ち上がる予定だったクラスから担任は外れざるを得なくなりましたし、新しい担任と父親の関係も決してうまくはいきませんでした。

この例で担任がしたことが間違っているとは思いません。ただ、父親が担任からの熱心な働きかけに対して大きな誤解をしたことは確かです。保護者の悩みの根底に、親以外の役割関係があると判断された場合、それは指摘したうえで保育所以外の相談機関を紹介するか、仮に保育所で扱うとしても担任ではない立場の人間に委ねるか、慎重な判断が要求されると思います。

役割関係のズレは、通常はコミュニケーションの両方向性があるために修復される、という話は第２章で述べました。これを裏返すと、役割関係のズレが定着していってしまう過程では、たいていの場合コミュニケーションの両方向性が機能しなくなっているということになります。

コミュニケーションの両方向性が崩れてきた家族では、家族システム内での情報の行き来が悪くなりますから、家族を外から見ている支援者の目には、家族としての意思決定の困難さが目立ってくることになります。これは、何かを決定するに当たって特定のメンバーに決定権が固定されてしまう場合もあります。何を言っても「主人に聞いてみます」という返事しか返ってこない母親のような例です。

さらに、父→母も一方通行、母→子も一方通行、というように両方向性の崩れが複数のコミュニケーションチャンネルで生じ始めると、そもそも決定そのものがまとまりを欠いてくることになります。第2章でも触れていますが、家族が「外」とやりとりするスタンスを一つに定めることが難しくなってきて、「外」から見ている人間にとっては「何が本当なのかわからない」という状態が見られてくるのです。

年中組の男児。日頃から、アザなどをつくって登園してくることが多く、虐待の疑いが持たれていました。ある日、午睡の前の着替えで、右の脇腹から背中にかけてのアザが確認され、保育士は怪我の理由を男児に尋ねました。男児の答えは「お父さんが間違って叩いた」というものでした。翌日、登園時に、送ってきた母親にアザのことを確認すると、母は怒気を含んだ声で言い捨てました。「お父さんが叩いたなんて嘘ばっかり！　あの子は勝手にふざけていて階段で転んだだけです！　子どもの言うことをいちいち真に受けないでください！」。その日の夕方、迎えに来たのは同居している父方の祖母でした。問われるともなしに祖母が言い出したのは、「怪我のことで母親が何か言っていませんでしたか」ということでした。「まったく、大人になりきれない息子で

……何かという小さい子どもに手を挙げて……私には怖くて止められないんです。母親も母親で、子どもが悪いと言うだけで止めようともしないで……」。

この例では、子ども、母親、母方祖母の３人が、それぞれ異なる「怪我の原因」に言及しています。家庭内で生じたできごとについて、家族メンバーが見解を揃えるということができなくなっているのです。

くり返しになりますが、うまく機能しているシステムというのは、一定の入力に対して一定の出力が返ってくるものです。第２章では自動販売機を例に挙げましたが、自動車でもいいです。「キーを回したら、エンジンがかかると同時に車内に白煙がたちこめた」などという場合、ほとんどの人は、その自動車が「壊れている」と判断するはずです。システムの中では、入力された情報に対してさまざまな操作が行われます。しかし、その様子を外部の人間が見ているわけではありません。操作の結果、一定の出力として反応が生じればそれでいいのです。システムの機能が低下するということは、ある入力に対してシステム内で出力をまとめあげる過程がうまくいかなくなることです。

子どもに発達のつまずきがあることは、当然のことながら、親子間のコミュニケーションのバランスを崩す要因になり得ます。特に、自閉症スペクトラムと呼ばれる子どもたちは、身体内部の感覚をキャッチすることが苦手なため、今自分がどんな状態なのか、暑いのか寒いのか、おなかは一杯なのかまだ食べられるのか、まだ頑張れるのかもう疲れたのか、そういったことを上手に伝えることができません。そのことが保護者に対して「自分のことなんだから自分しかわからないでしょう。どうしてちゃんと言えないの」という気持ちを強めさせることにもなります。

❷世代間境界の運用の混乱

次に検討するのは、世代間境界の運用に関することがらです。第2章で、親は子どもの発達水準に降りてものごとを見聞きし、その結果、子どもに適した発達要求を出すことができる、という説明をしました。子どもに障害がある場合、親からの「退行」はさまざまな困難を抱えることになります。ただし、子どもの障害がどのような領域に、どのような程度で現れてくるのかによって、困難さの質は変わってきます。

発達障害と呼ばれる子どもたちの場合には、その特徴が「発達のばらつき」ということばでしばしば表現されるように、その子の内での「できる／できない」がかなりの偏りを示します。これを個人内差が大きい、と表現するのですが、このために親は「子どものどこに合わせて退行すればいいのか」という判断が非常に難しくなります。「何をやってもできないというならあきらめもつくんですけれど、意外にできてしまうこともあるので……」という嘆息は、発達障害と呼ばれる子どもたちの発達相談をしていてしばしば耳にすることです。

このことは、単に発達障害の特徴ということだけではなく、発達障害という状態像のわかりにくさとも関係しています。たとえば視覚障害や聴覚障害であれば、「見えない／聞こえない」ということがどういうことなのかについて、ある程度親が想像を働かせることができます（ただし、「見える人が目をつぶった状態」と「見えないで生きてきた状態」「聞こえる人が耳を塞いだ状態」と「聞こえないで生きてきた状態」とは実はまったく質的に異なるものなのですが、少なくとも「想像する」ことは比較的容易です）。また、知的障害の場合には、「この子は○歳だけど、実際は△歳の水準なんだ」と考えることで、生活のさまざまな領域でその子の発達水準に合わせる基準を持ちやすくなります（これもまた、ただし、ですが、知的障害でもそれほど発達の全領域が均等に遅れているということは少なく、実際にはかなりのばらつきがあります。しかし、これもまた「想像のしやすさ」はあるのです）。ところが発達障害の場合、そもそもそれがどういう状態像なのかということが想像しにくいのです。だからこそ、第3章で説明したように、支援者が適確に発達障害を説明できる力が要求されるのです。

仮に、子どもの発達的なばらつきについて正確な理解ができたとしても、保護者にとってはまだ課題があります。自分たちはこの子のこの領域の達成度がこのくらいだ、ということは理解できている、しかし、周囲の人はそう見てくれるだろうか、という不安です。これは、第5章で説明する障害受容の心理過程とも関連してくることですので、そこでまた説明することにします。

世代間境界を越えて子どもの発達水準に退行することの困難さは、何も子どもの発達障害だけが理由ではありません。子どもが標準発達をしていても、なかなか子どもの目線でものごとを考えることが難しい保護者はいます。たいていの場合、こうした保護者は自分が育てられてきた道筋で、自分の親から適切な世代間境界の運用をされてきていません。

◇◇◇◇◇◇◇◇◇◇◇◇◇◇◇◇◇◇◇◇◇◇

3歳の双子の男児を育てている介護職の母親。近隣からの虐待通告があり、自治体の発達相談につながってきました。「子どもが可愛いとか、子育てが楽しいとか言う人の気持ちがまったくわからない」という言い方が始まり、次々と「子どもと一緒にいる苦しみ」について語りました。

何回か面接を重ねる中で、子どもに対する怒りや否定的な感情は、徐々に母親自身に向けた感情に変わっていきました。「自分を好きという感覚はわからない」「ずっと親の顔をうかがって育ってきた。それでも私は親からすれば理想的な子ではなかった。ある時期からは、こんな親は相手にしないという気持ちでひとりで頑張ってきた」。

この母親は、自分の両親との関係において、「無条件に守ってもらえた」という感覚をほとんど持っていませんでした。相談を重ねる中で、母親は自分が子育ての「いいモデル」を持っていないために、「こうあるべき」という理屈だけで自分と子どもの関係性を「理解」しようとしていることを自覚していきました。そうした心理的作業と並行して、それまで「子どもに対して怒らないようにしたい」という目的の不合理さに気づき、「怒りの感情を持ってしまうことは仕方がない。でも、その怒りをどんなふうに表現するかについては責任もあるし工夫もできる」と考えるようになっていきました。もともと、仕事の性質上、対人的なスキルがない人ではなかったために、ゆっくりとではありましたが自分の子育ての仕方を受け容れるようになっていきました。

子育ては、どの親にとっても自分が育てられてきた経過の再体験という意味合いを持つということを説明しました。この母親の場合には、自らの育ちを思い起こすたびに「自分は子育てに向いていない」という気持ちが起きてしまっていました。そして、一度は自分の親を「見捨てて」生きてきたはずの自分が、今でもまだ自分の親に対しての怒りを感じていることも気づいていきました。

第2章では、両親が揃っている場合には、少なくともふた通りの「育てられ方」モデルがあり、これらがすり合わされて「自分たちの育て方」として子どもに伝達されていくものであることも説明しました。この母親の場合にも、父親が（彼女の夫）鷹揚《おうよう》で物静かな方であったことも大きな強みになりました。当初は「何もしてくれない」「黙っているだけ」「どうして子どものすることに注意しないのか理解できない」という否定的な評価ばかりしていた母親でしたが、やがて父親に対して「自分にできないことを黙々としてくれている」「私だけではとても子育てはできないけれど、父親とセットでなら、そこそこのところまでいかれるかもしれない」と語ることができるようになっていきました。支援を受けることで、ようやく母親の中で「二つの養育モデル」のすり合わせが起こってきたのです。

さて、子育てをしていく中で、自分たちの「育ち」が役に立たないのではないかという思いを強く持つのは、子どもに障害があると告知された場合です。ほとんどの保護者は、自分たちは「障害児」ではなかった、と思っているからです。このことは、しばしば保護者たちに「障害があるなんて言われても、何をどうすればいいのかわからない」という思いを抱かせます。「障害の有無」によって、自分の育ち体験が、わが子を育てる営みと結びつかなくなってしまう不安の強さを、裏返した形で如実に示す例があります。両親がともに聴覚障害をお持ちで、家庭内で音声言語が使われていない家庭に、子どもが誕生したときです。生まれてきた子どもの聴力に異常がないと知らされると、もちろん両親は喜ぶのですが、同時にきわめて不安な様子も示します。ところが、子どもに聴力の障害がありそうだと言われると、ショックもありながら、どこか安堵したような気持ちを語るのです。「自分たちは聞こえない世界で生きてきた。この子が聞こえる子なら、自分たちの育ちが役に立たない。でも、この子も聞こえない世界にいるのなら、ある程度自信を持ってこの子を育てていくことができると思う」……この語りには、自分たちの育ちの体験をこれからの子育てに活かしていくということ、つまり、世代間境界を継承するということがいかに子育てで大きな要因になっているかを物語っています。

もともと子育てという営みは個人差が大きく、「絶対の正解」など存在しないものでしょう。このやり方でいいのかと迷うときに、親は何よりも子どもの反応を参考にするはずです。「この子が泣き止んだのだからこの方法でよかったのではないか」「この子が納得していないのだからこのやり方ではまずいのではないか」といった判断をくり返しているのです。ところが「子どもに障害がある」と言われてしまうと、この子どもの反応というものが、自分たちのやり方の巧拙によって生じているのか、それとも子どもの障害によって生じているのか、という疑問を持ってしまうのです。そもそも、こうした二者択一的な発想は正しくありません。「子どもの特徴に見合ったやり方が適切なやり方」なのであり、「親の関わり方」と「子どもの特徴」との間には交互作用があるものなのです。しかし、「自分には障害などなかった。この子には障害がある」という思いは、多くの親に子どもに対する「違和感」を抱かせ、結果として前述のような二者択一的な発想に追い込んでしまいます。これをちょっと左の図4－1でイメージしていただきましょう。

この図の左側は、障害告知を受けた当初に親が感じている子ども像です。「障害」という特徴が子どもの全人格を覆ってしまい、親はあたかも「子ども」ではなく「障害」と向かい合っているような状態になってしまいます。この状態では、子どもの示すありとあらゆる行動が、すべて「障害」のせいであるかのように感じられます。その「障害」に対して「自分

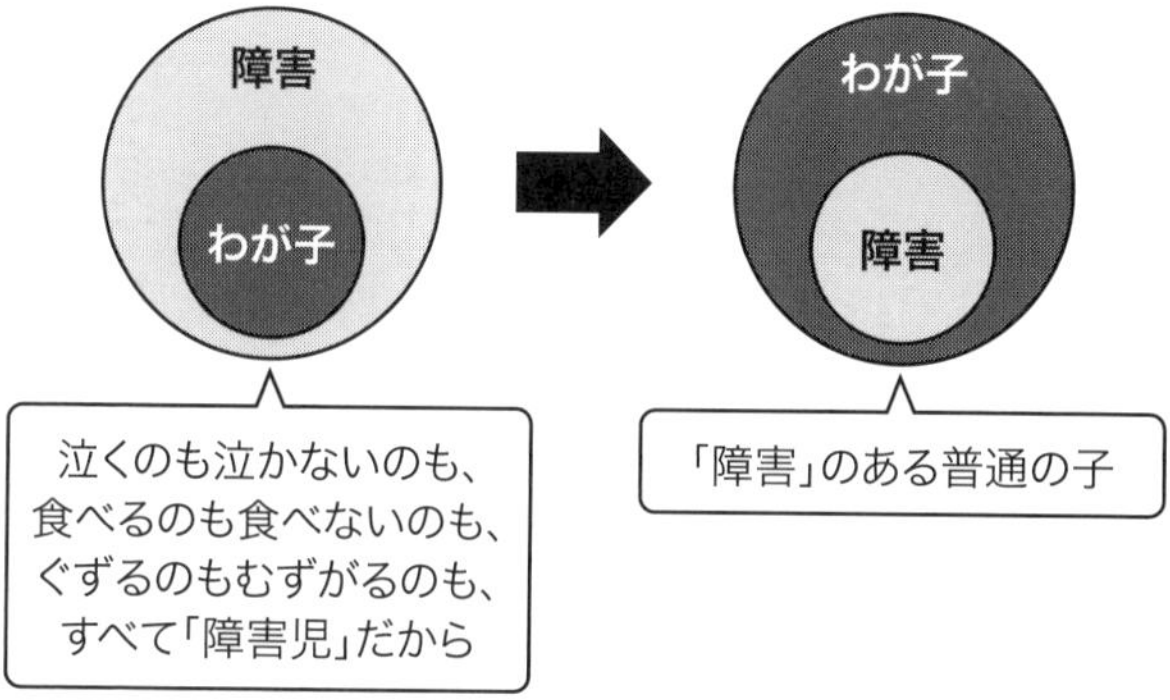

図４-１　「子ども像」と「障害」の統合

たちのやり方」はあまりにも無力で、なす術《すべ》がない、という気持ちになります。第５章でも説明しますが、障害受容が進み、子どもの受け止めができるようになってくると、子ども像が図の右側のように変化していきます。ここでは、障害は子どもの特徴の一部として統合されていて、保護者とすれば「自分が向かい合っているのは障害ではなく、障害という特徴を持ったひとりの子どもなのだ」という認識ができています。こうなれば、保護者として向き合っているのは「子ども」であり、自らの育ちの体験を子どもに伝えていく際に、「障害」という特徴がどのようにその伝達を受け止めていくことに影響するのか、という考え方ができるようになってきます。父親と思い切り身体を動かして遊んだ楽しさは、自分もこの子も同様だという思いと、ただ、好む活動が「障害」ゆえにやや独特だ、という理解の仕方が出てくるのです。

❸子育てのものさしの混乱――キャッチボールの難しさ――

子育てには、二つのものさしがあります。その一つが、ここまで述べてきた「親自身の育ちの体験」です。もう一つは、子どもが成長発達の中で示す喜怒哀楽の反応です。

子育ては、「親が子どもを育てる」というような一方的な過程ではありません。親と子どももはそれぞれ反応しあって、相互作用をくり返しています。イメージで言えば、キャッチボールをしているようなものです。生まれてきたばかりの子どもは無力な存在のように感じられるかもしれませんが、子どもの発達には、親から適切な養育行動を引き起こすような仕組みが組み込まれているのです。例を挙げながら説明していきましょう。

子どもの誕生を迎えて、家族の生活は大きく変わります。子育てに対する思いや巧拙は多様でしょうが、いずれにしても子どもの存在は「それまでのようには生活が回らなくなる」という意味でストレス因になります。こうした持続的なストレス因にさらされたとき、人間はどの程度の期間それに耐えられるのでしょうか。じつはさほど長くはなく、個人差はあっても60〜90日くらいでストレスコントロールの大きな転換点がくると言われています。それまでは外的コントロールと言って、ストレスになっている状況そのものになんとか働きかけて、状況を変えようとするのですが、これは何しろ「相手」のあることですから、必ずしも思い通りにストレス状況が変化するとは限りません。そのうちに、ストレスコントロールのやり方が変わってきます。内的コントロールと言って、自分自身の感情や感覚を鈍化させたりすることでストレス状況に対処しようとし始めるのです。いわば「相変わらずだけど、もう全然気にならなくなってきたから大丈夫」というやり方でストレス状況に対処しようとするのです。このやり方は、自分の中のアンテナだけを調整すればいいのですから、効果は高いです。しかし、リスクもあります。自分本来の願望とか感情を抑制することにもつながり得るからです。ですから、持続的なストレス状況への対処としては、内的コントロールによって自分の感情を調整しながら、それでも時間経過とともに外的コントロールによってストレス状況が徐々に改善されていく、という状態が理想だということになります。

　さて、このように、ある意味で「ストレスのピーク」を迎える月齢2〜3ヶ月の時点で、子どもにはどんな変化が起きるでしょうか。標準的な発達では、この時期に定頸（首がすわること。後の座る、立つ、歩くなどの基礎になる。）を迎えます。子どもの首が座ると、親はほぼ１００パーセントといってもいい確率で子どもを「立てて抱く」ことを始めます。典型的なのは入浴の場面でしょう。それまでは首の後ろに手を回して、横抱きにするように入浴させていた子どもを、浴槽で立て膝をした上に座らせ、対面した形で身体を洗ったりするようになるのです。これを子どもの側から見ると、親の顔を正中した位置で見ることが増える、ということになります。ちょうどこの定頸の前後に、無差別微笑ないし社会的微笑と呼ばれる反射が出現します。子どもの口辺に、微笑《ほほえ》んでいるかのような動きが生じる反射なのですが、これを引き起こす刺激パターンが図4-2の左側であることが知られています。

まさに、「あやす」ときの表情パターンなのです。このパターンに接すると、子どもの顔に微笑みのような表情が表れます。これを反射だと冷静に受け流してしまう親というのはまず考えられません。ほとんどの親は「この子は私のことがわかってる！」と感激して、揺さぶりながら声をかけ、自分の表情をさまざまに変化させてあやします。人見知りの出現が生後7～8ヶ月であることを考えれば、この時点で子どもが両親の顔を判別できているというわけではないのですが、あやす行為に含まれる両親の「声」と「匂い」は、この時点でも知覚できています。あやされることで、「パパ、ママ」に対する選択的な反応が出てくるのです。この反応が、ストレスのピークにいる親にとってどれほど励ましになるか、計り知れま

図４-２　無差別微笑を誘発する刺激

せん。この一連の過程を見ていると、子育てとは「親が子どもを育てる」などという一方的なものではなく、むしろ子どものほうが「そろそろあやす時期だよ」というサインを送ってきているかのような思いすら抱きます。

すでに想像がつくと思いますが、子どもに発達障害があるということは、こうした反射出現の基盤になる神経系の成熟発達にも逸脱があり、ここまでに述べたような親子間のキャッチボールのようなやりとりが成立しにくくなることを意味します。

このように、子どもに発達障害があるということは、さまざまな面で親子関係の発達に影響を及ぼします。支援者は、その子との関わりの適切なモデルになるように努めていくことが重要になるのです。

第5章

子どもの障害を受け容れていく

――障害受容の重要性と支援――

この章では、障害受容というテーマで保護者支援を考えます。障害受容という心理過程の根底には子ども受容の問題がありますが、これは、発達障害に絡む保護者支援における中核的な部分です。とりわけ、子どもが保育所に通う年齢では、親子関係もまだ始まって数年という時期であり、子どもの障害に確定的な診断がついていないこともしばしばですから、障害受容は中心的な課題になります。

❶保育所年齢の発達障害

第3章で、発達障害という概念がきわめて関係性に絡むものであるということを述べました。これは、その子に「特性」があったとしても、周囲の人の関わり方や物理的な環境次第ではその現れ方が大きく異なってくるということを意味します。くり返しになりますが、発達障害と呼ばれるような子どもたちの中には、いわゆる標準発達をしている子どもたちとの「線引き」に困惑する子どもが多数います。「この子はこういう子だから」という言い方が通ってしまうことも珍しくありません。特に保護者は意識するしないにかかわらず子どもとの交渉の中でなんとか子どもに合わせてやりとりを組み立てようとしますから、その子との生活に慣れてしまった保護者の目には、その子の姿がさほど不思議には映らないこともしばしばです。

保育所に入るということは、子どもにとって、同年齢の子どもたちと生活を共にすることです。これは、通常は家庭内では得られない環境になります。わが国では母子保健の健診システムがありますから、同時期に生まれた子どもは健診のたびに顔を合わせることにはなりますが、それは個々の親子関係が短時間同じ場所に揃うということであって、必ずしも子どもにとって「集団体験」ではありません（ただし、保護者にとってはわが子を同年齢の他児と比較する場にはなります。この点については章の後半で触れます）。しかし、保育所は同年齢／異年齢の集団です。ほとんどの場合、子どもは家庭内ではほぼ体験することのない規模での子ども集団の活動に直面します。その結果、発達障害に関しては、家庭よりも先に保育所側が「不思議さ」に気づくということも珍しくありません。発達障害は、何らかの形で対人関係のとり方に特徴が現れてくることが多いため、大人と子どもが一対一で関わっている状況よりも集団活動をしているときのほうが特徴に気づきやすくなります。また、自閉症スペクトラムなどでは特に顕著に出てくるのですが、年齢の離れた子どもとの交渉ではさほど目立たないのに、同年齢の子どもとの交渉だと「できなさ」が目立ってくるという特徴もあります。こうしたことも、保育所のほうが家庭よりもその子の特徴に気づきやすい理由になります。

自閉症スペクトラムが疑われる年少組の男児。就園してからずっと、クラスの集団行動にうまく乗れない姿が見られていました。どこか療育機関にも通ったほうがいいのではないかと考えた保育所側は、両親との話し合いの場を持ちたいと提案しました。

話し合いには母親だけが参加しました。園での様子を伝え、「友だちとなかなか上手に遊べていない」ことが心配だと言ったところ、母親からはこんな返事がありました。

「そうですか？　家では、休みの日とか、小学生のお兄ちゃんの友だちが何人か遊びに来るんですけど、いっつもその子たちにくっついて楽しそうに遊んでいますよ。だから、心配ないと思います」。

保育所と家庭では、子どもの発達的な特徴に関する「気づきやすさ」に大きな違いがあるため、保育者が保育実践の中で気づいた子どもの「気がかり」を保護者に伝えようとしても「家では困っていません」という態度にはね返されてしまうということになりがちです。このことについては節を改めて説明することにします。

旧来の障害児保育においては、比較的多くのケースで就園前に「診断→療育」というステップが踏まれていたのですが、発達障害の場合には就園後に療育の必要性に気づかれていくという経過をたどることが多いのです。しかし、保護者にしてみれば、わが子に「障害がある」と指摘されてうれしいはずがありません。まして就園の前後の年齢は、性別や生まれ月、きょうだいの有無などの影響を含めてきわめて個人差の激しい時期ですから、何らかの「遅れ」「できなさ」が見えたとしてもそれが「障害」であると即断できなくても無理はありません。しかし、だからといって手をこまねいているのでは、後になって取り返しのつかない悔やみにつながるかもしれないという思いで、保育者はその子に適した保育のあり方を探ることになります。それが保育士の加配であったり、個別的な療育機関との連携であったり、どのような形であっても基本的には保護者からの同意が必要になります。つまり、保育者はまず、「この子にはどのような発達支援上のニーズがあるのか」という点を保護者と共有していくために、非常に意識的な取り組みをしなければならなくなるのです。

年少組から就園してくる場合、3歳児健診までに発達障害の特徴が必ずしも確定的に判断されているとは限らず、その子の言動が環境要因によるものなのか個人差の範囲なのか判断がつかないこともしばしばです。健診システムの中では、就園後の集団適応の状況を見極めて確定的な判断を下そう、と考えることも珍しくありません。こうした事情があるため、保育所就園後に「この子には発達障害があるかもしれない」という判断がなされ、保護者への障害告知が始まっていく、というケースはきわめて多いということになります。

❷「早期発見」のジレンマと悪循環

発達障害に限りませんが、障害のある子どもの療育を考える場合には、「早期発見」が重要であるということがしばしば指摘されます。すでに見てきた通り、子どもの発達的な可塑性が高い時期に適切な関わりをすることは子どもの発達支援にとってとても重要ですから、「早期発見」が叫ばれるのも当然です。

しかし、「早期発見」には構造的なジレンマがあります。そもそも、発達障害の「発見」が早いというのは、それだけ微細なサインによって子どもの発達的な逸脱を疑う、ということになります。当然ながら、それには判断する人間の専門性が高くなければなりません。そのような専門性をすべての保護者に求めるのは無理と言うものです。つまり、「早期発見」であればあるほど、保護者にしてみれば「この子のどこがそんなに問題なのか理解できない」という思いを強めてしまう、という構造があるのです。現在、発達障害の支援システムは市町村レベルで進められていて、ほとんどの自治体が「早期発見」を謳っています。しかし、「発見」するスキルだけが突出してしまえば、保護者に不安と不信を押しつけるだけのことになりかねません。子どもの障害を「伝える」スキルと、ではどうすればいいのかというモデルを提供する仕組みが伴っていなければ、本当に意味で「支援」にはならないのです。

保育所から強く勧められて発達相談につながってきた、という未満児クラスの子どもの母親です。子どもの行動を観察していると、確かに近い距離での視線の合いにくさや、ミニカーを走らせるよりもひたすら並べるといった行動が認められました。家庭での様子を母親に尋ねてみるのですが、「別に」とか「特に」といった答えが多く、あまり具体的な子どもの生活イメージが伝わってきません。そうこうするうちに、突如として母親が涙を流し始めました。そして、こう語ったのです。

「保育所の先生たちから、とにかく専門機関に行くように、って言われて……私は、この子が小さいときからなんにも変だと思わずにきて……でも、先生たちから、人見知りはあった？　とか、後追いはよくしてた？　とか聞かれて……そういえば確かに後追いされたことはなかった。でも、それが変だなんて思っていなくて……むしろ、手がかからなくて楽な子なのかな、って……。先生。私がトイレに行ったときにこの子がトイレまでついてこないことって、そんなにおかしなことなんですか？」

「もし、この子の発達に何かあるだとしたら、一日でも早く見つけて何か手立てを講じてあげたい」「保育所生活の中でこの子に少しでも実りのある経験をさせたい」……保育者がそのように考えるのは自然なことです。しかし、子どもの発達的な逸脱が顕著であればまだいいのですが、いわゆる「グレー」と言われるような状態像の場合、こうした保育者の「焦り」が保護者との関係に悪循環を起こしてしまうことがあります。

なんとか保護者に子どもの「異常」や「課題」に気づいてほしいという保育者の焦りは、知らず知らずのうちにその子の「できなさ」や「周囲との違い」を強調して保護者に伝える姿勢につながってしまいます。こうしたことが起きる背景では、その保育者が日々の実践の中でその子の「できなさ」ばかりを見つけてしまうという偏りも生じていることが多いです。当然ですが、保護者はこのような保育者の姿勢に反発を感じますし、ことさらにわが子の姿を「自然」だと思い込もうとして、ますます保育者との感覚の違いが強まります。しかし、その一方で、保護者の中の不安は強まります。その結果、家庭での子どもの姿の中に、保育者から指摘されたような特徴を見出すと、なんとかそれを矯正しようというような関わりをしてしまうことにもなります。「ちゃんと目を見て話しなさい」「全部食べるまで席を離れてはダメ」「眠くなくてもいいからとにかく布団に入りなさい」……といった具合です。残念ながら、こうした関わり方はたいていの場合子どもにフィットしていないため、かえって子どもの行動像を悪化させてしまったりします。そのことは子どもにとってもストレスのはずですから、そのストレスを受けた結果が、子どもの保育所での姿に反映されてきます。そのことがまたしても保育者の目を「違い」に向けてしまう……これが悪循環です。

❸ 障害受容の心理過程

障害の受容に至る心理的な過程についてはいくつかのモデルが提唱されていますが、その中に段階説と呼ばれるものがあります。ドローターという人が提唱したモデルですが、左の図5－1のようなものです。

疑いであれ確定診断であれ、保護者の障害受容の過程は、子どもの障害を告知されたところから始まります。告知に続く最初の段階はショックと呼ばれます。感情レベルとしては非常に強いですが、その後急激にその感情が低下する段階です。ショック状態というのは、いわば思考や行動が停止している状態と考えることができます。しかし、保護者の生活は、障

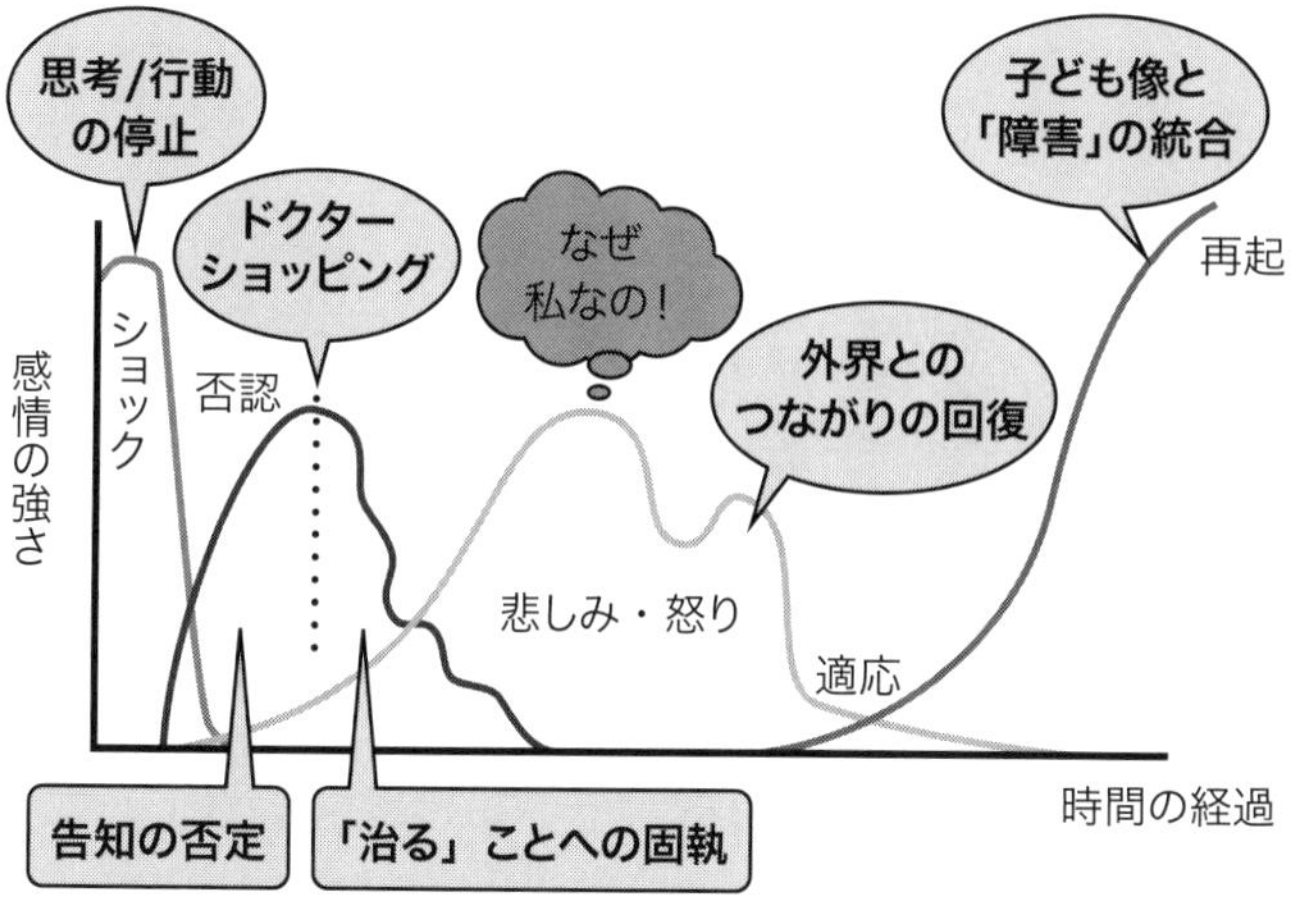

図5-1　段階説による障害受容過程のモデル

害の告知を受けた子どものことだけで成り立っているわけではありません。きょうだいがいたり、自分自身やパートナーの仕事があったり、生活の中で否応なく時間が経過する中で、必ず生活上の行動の歯車は回り始めます。ですから、「停止」はほどなく「解除」されることになります。ただし、「ショック」が部分的に持続する場合もあります。

◇◇◇◇◇◇◇◇◇◇◇◇◇◇◇◇◇◇◇◇

2歳の男児。両親と姉の4人家族でした。大晦日《おおみそか》に、家族総出で大掃除をしていました。ふと気づくと、男児の姿が見えません。母親はそのとき、とても不吉な予感がした、と言います。

男児を捜そうと思った矢先、家の裏手を走る鉄道の線路のほうから、けたたましい警笛と急ブレーキの音がしました。青ざめて裏手の踏切にかけつけた母親が見たのは、血の海の中に倒れている男児の姿でした。

救急搬送された先の病院で、緊急手術が始まりました。母親はずっと病院にいましたが、父親は姉の世話もあり、自宅に戻りました。手術は数時間に及ぶものでしたが、どうやら男児は奇跡的に一命は取り留める、という見通しが立ちました。

この知らせを受けて、父親が病院にかけつけました。すでに夜になっていました。病院の付き添いを交代し、母親は帰宅して少しでも休息することになりました。病院を出ようとした母親が正面玄関前のロビーを通ったとき、大画面のモニターで紅白歌合戦が放送されていました。病院側の配慮で、正月を病院で迎えなければならない患者のために、大晦日だけは24時までロビーが開放されていたのです。

この話を私にしてくれた母親は、そこでふと考え込むような顔をしてこう言いました。
「今でも不思議だなと思ってるんです。どうしてあの年だけ、紅白は白黒放送だったんでしょう?」

そんなはずはありません。しかし、母親は大真面目にそう主張するのです。歌も、歌手も、司会者のことばもちゃんと覚えているから間違いない。あの年だけ、紅白歌合戦は白黒放送だった、と。

おそらく、血の海に倒れているわが子の姿を見た瞬間、その現実を否定したい一心から、彼女の心理的な機能の中で色彩に関するものだけが麻痺《まひ》したのではないかと思います。しかし、彼女はそのことを自覚していませんでした。

◇◇◇◇◇◇◇◇◇◇◇◇◇◇◇◇◇◇◇◇◇◇◇◇◇◇◇◇

ショックの次に来ると想定されているのが否認という段階です。この時期には、ドクターショッピングと呼ばれる独特の行動が保護者に見られることがあります。これはウインドウショッピング——買う気もないのにショウウィンドウを眺めて歩く行動——から連想された造語です。ドクターとは必ずしも医師に限らず、さまざまな専門機関や専門家（自称他称を含めて）を渡り歩くように子どもの相談をし続ける行動です。これは、子どもの発達的な課題に対する積極的な取り組みの現れ、ではありません。なぜ保護者の行動がドクターショッピングになってしまうのかと言えば、この時期の保護者には「聞きたい答え」がただ一つだけ存在していて、誰もその答えを言ってくれないから次々と別な人、別な機関を探し求めてしまうのです。ですから、当然のことながら、各機関で受けた助言や指示には従いません。

では、「聞きたい答え」とは何なのでしょうか。段階説は否認を一つの段階としていますが、私はこれまでの臨床経験から、否認の段階には前半後半で質的に異なる二つの局面があると考えています。この違いは、「聞きたい答え」の違いです。前半の「聞きたい答え」は、要するに障害告知の否定です。「障害なんかありません」「普通の子です」という答えです。残念ながら、この答えはなかなか聞くことができません。尋ねる相手が良心的で専門家であればあるほど難しいかもしれません。なぜなら、こうした発達初期の支援に携わる人間であれば、「障害があるかもしれないと考えておいて、結果として発達的に追いついて個人差と呼んでいい範囲に収まる」という「間違い」は許容しますが、「障害がないと判断していたら、後になって手遅れになった」という「間違い」は絶対に避けようと考えるからです。仮に、決して良心的とは言えないような機関や、怪しげな宗教団体につながったところで、やはり障害告知は否定されないでしょう。そうした機関にとっては、「障害はある。しかし、自分たちを信じれば治る」というのが商売の要なのですから、障害そのものを否定してしまうことはないはずなのです。

誰からも障害告知を否定してもらえない中で、時間が経過します。保育所は前述の通り同年齢集団の場ですから、保護者はいやでもわが子を他の子と比較することになります。こうした「比較」は、実はそれまでの健診の場でも生じていたことです。同時期に生まれた子どもであれば、保護者は何度も健診の場でその子たちに出会い、わが子との成長発達の違いについて意識してきているのです。それが、集団活動という形をとり始め、「できなさ」「違い」の意識はより明瞭になります。その結果、多くの場合、どうやら自分の子どもがそれ以外の子どもとは「違う」という事実を無視することができなくなってきます。もちろん、それでも「違っていて何が悪い」と強固な否認を続ける保護者もありますが、多くはここで受容過程の重大な局面を迎えます。すなわち、「違う」ことは認めても、「治ります」と言い切る姿勢に転じていくのです。これが私の考える否認の後半段階です。「治る」にはさまざまなバリエーションがあります。「普通になる」「通常学級に入れる」「自立できる」「大学に行ける」「結婚できる」等々です。この段階で、「みんなと同じことができさえすればいい」という構えが強くなってしまうと、子どもの実態や要求を無視したスパルタに傾きかねません。そして、保育所がよかれと思って、その子の他の子との「違い」を強調して伝えると、保護者がますます「同じ行動」へのこだわりを強めてしまうということになりかねません。子どもに発達障害があるということが虐待の要因になってしまうことを防ぐという意味で、この否認の後半段階は初期的な保護者支援の正念場になる思われます。そもそも、療育的な仕事に携わる人間にとって、「治るか治らないか」という問いは現実的ではありません。「治す」ではなく「伸ばす」ことを前提にしているわけですから。それだけに、この「治したい」という保護者の思いへの対応は難しくなります。

否認の時期というのは、保護者は心理的なひきこもりとも言うべき状態にあります。ドクターショッピングのように外界とのつながりはあるように見えますが、実は「聞きたいことしか聞かない」状態であり、基本的には自分にとって受け容れがたい考えや感情は心の箱の中に押し込めて、目も耳もふさいで「私の人生にも子どもの人生にも何も悪いことなんて起こっていない」と頑《かたく》なな態度をとっている状態です。この時期の保護者は、支援者の言うことを「聞きたいように」しか聞きません。その結果、支援者間にぎくしゃくしたムードが醸し出されてしまうこともあります。

就学相談の場に出てきた母親。子どもにはかなり明瞭な自閉的特徴があり、ことばもあまり多くはありません。しかし、母親は頑なに「これはこの子の個性で、障害ではありません」と言い張るのです。保育所での集団生活の様子や、就学後の学校生活で生じるかもしれないさまざまな課題について話をしても、母親は必ずこう言います。「保育所に入るとき、〇〇センターの△△先生から、この子は大丈夫と言われたんです」。

　この子の発達について、本当に「大丈夫」などと保証をしたのだろうか。就学相談の担当者は強い疑問を感じました。それとともに、なんて無責任なことを言う先生だろう、という気持ちにもなりました。まるで、幼児期早期の無責任な「保証」のしわ寄せで、今自分が苦労しているんだ、という気持ちになったのです。

　ところで、〇〇センターの△△先生は実際には何を語っていたのかというと、就学相談担当者が想像したのとは大きく異なっていました。当時、わが子の発達的なつまずきを絶対に認めようとしなかった母親は、この先生に対しても「治りますよね。保育所に入ればことばも出ますよね。普通学級に入れますね」と詰問するかのように迫ったのでした。△△先生はそれに対して「確かに、お母さんの言う通り、保育所に入って集団生活をする中で言語の発達が促されて、年長組の後半で周囲とのコミュニケーションにも問題がなくなっているようならば、大丈夫かもしれない。しかし、そうなるという保証はどこにもない。だから、単に保育所に入れるというだけではなく、きちんと個別の療育にも通って、少しでも子どもの発達を促すほうがいいのではないか」。

　まったく「大丈夫」ではありません。この先生はそんなことを言っていないのです。

ただし、この先生の語りの中に「大丈夫」という単語が登場したことは事実です。「〇〇センターの△△先生が大丈夫と言ったんです」……それは、事実なのです。真実ではありませんが。

◇◇◇◇◇◇◇◇◇◇

このようなことが起きる時期ですから、支援者間の情報交換や役割分担がとても大切になります。支援者同士が疑心暗鬼を起こすような事態は避けなければなりません。

さて、現実的な比較から見える子どもの姿と否認との間を行きつ戻りつしながらも、やがて保護者は次の段階に進むと考えられています。それが悲しみと怒りの段階です。怒りとは、いわば心の箱にしまい込んでいたさまざまな思いが、もうしまいきれなくなって吹き出してきたような状態だと考えてください。もともと、否認の時期には、保護者は自分に都合の悪い情報は避けますし、きちんと認知的な評価を下そうとしていません。「これはまずい」と感じたら、きちんと向き合わず、いわばスルーさせて心の箱にしまいこんできたのです。ところが、心の箱にも容量の限界があります。やがて、それ以上溜め込むことができなくなって吹き出す瞬間が訪れます。心の箱にしまいこんでいた感情や思考は、きちんと認知的な処理がされていません。だから、感情としてもっとも原始的なものである怒りという形をとるのです。

この時期の怒りは、突きつめれば「どうして自分の人生にこんなことが起こらなければならないのか」という思いです。これには答えがありません。なぜ子どもに障害があるのか、生物学的／医学的に説明できないこともないかもしれませんが、保護者を突き動かしているのはそんな理屈の話ではありません。理不尽だ、という怒りなのです。ですから、支援のあり方としては、「論破」するのではなく「吐き出させる」ことが主眼になります。共感、傾聴と言われるようなカウンセリング的な態度が必要とされるのです。

◇◇◇◇◇◇◇◇◇◇◇◇◇◇◇◇◇◇◇◇◇◇◇◇◇◇◇◇◇◇

初めての子どもにダウン症があることがわかった母親。彼女には、中学校から大学まで同じ学校に通った女性の友人がいました。そして、この友人は彼女とほぼ同時期にやはり第一子を出産していました。その子には障害はありませんでした。

このような間柄ですから、周囲は彼女と女性の友人を「親友」なのだろうと考えていました。しかし、「まだ子どもの障害を受け容れられない」という訴えに関するカウンセリングの中で、彼女は突然強い怒りを表現したのです。

「あの人とは親友でも何でもありません。みんなあの女に騙《だま》されているんです。親も、

◇◇◇◇◇◇◇◇◇◇◇◇◇◇

教師も、です。私は知ってる。あの女は高校時代から遊びまくってたんです。親にもバレていないかもしれませんが、大学時代には中絶だってしてるんです。私は、今の夫が初めての経験でした。何も悪いことはしてこなかった。それなのにどうしてウチの子はダウン症で、あの女の子どもは健常児なんですか！」

答えようのない問いかけです。というよりも、そもそも答えてもらいたいと思って言っていることではないかもしれません。ただただ、自分の中の割り切れなさを吐き出したいという反応です。この怒りの時期には、その後の保護者の心理的適応を考えるときわめて重要な意味があります。否認の段階では心理的にひきこもっていた保護者が、怒りをぶつけるという形ではあっても外界とのつながりを回復させてきているという意味です。このつながりを通じて、新しい考え方や感情が心の箱に入る可能性もふくらんでいきます。それだからこそ、この怒りをしっかりと受け止める支援者が必要です。それを得られず、怒りが保護者自身や子どもに向いてしまった場合には、心中や虐待といった重篤な不適応状態を招いてしまう危険もあります。

怒りは積極的な感情ですが、出尽くしてしまうときがきます。そこからは、現実の受け容れと再起に向けた心理が立ち上がる、というのが段階説の概要です。

図５－１（129頁）でもわかる通り、それぞれの段階にはかなりの重なり合いがあります。ここに描かれた四つの段階を順々に通過していくというほど簡単ではなく、行きつ戻りつがくり返されます。ひとりの保護者の中にも、異なる受容の心理状態が混在することもあり得ます。たとえば、個別療育の担当者の前では、わが子が決して生活年齢相応の能力ではないことも認めることができて、子どもに合った関わりをする余裕もある人が、生活年齢での比較を余儀なくされてしまうような子ども会行事とか保育所の行事では強く防衛的で拒否的な態度になってしまうということもあるのです。

さらに言うと、この図５－１である意味もっとも重要な要素は、横軸の時間の流れに目盛りがないということです。この四つの段階を通過していく順序性については一定の法則性があるかもしれませんが、どのくらいの時間をかけて通過していくかについてはまったく基準がないということです。数ヶ月で駆け抜ける人もいるかもしれませんし、数年、いや、数十年という時間をかけても基本的には通過しない人もいる、ということになります。

基準がないのですから、たとえば両親間で障害受容の立ち位置が全然違うとか、両親世代と祖父母世代が違う、ということは当然起こり得ます。

発達支援では、その子の発達がどの程度の水準なのかということはもちろん重要な視点です。しかし、とりわけ親子関係がまだ「若い」保育所段階では、その保護者が子どもの障害や能力についてどの程度の受容状態にあるのかということへの配慮も非常に重要になります。この配慮が欠けると、時として保育者と保護者の関係性が大きく崩れるということもあり得るのです。

5歳児クラスのA君は、運動会でどうしてもスムーズにコースを一周することができません。途中にある放送機材が置かれたテントの前まで来ると、コースを外れて機材のほうに走ってしまうのです。運動会の当日、担任は園長とも相談のうえ、コースの内側をA君と並走することにしました。テント前まで来たとき、コースを外れようとしたA君の手を取り、ゴールに向かって誘導しようとしました。しかし、A君の力は意外に強く、なかなかスムーズにコースに戻りません。そこで、担任はA君の正面に回り込み、A君の両手を持って自分は後ろ向きに走ることにしました。これにはさすがにA君も反応し、どうやらテントの前を通過することができました。順位はビリでしたが、ゴール直前では担任が手を離し、A君はにこやかにゴールしました。

◇◇◇◇◇◇◇◇◇◇◇◇◇◇◇◇◇

ところが、昼休みになって、Ａ君の母親が形相を変えて担任につめ寄りました。「どうしてうちの子だけあんな走り方をさせられたのですか？　他の子と同じようにできない子がいます、ということをみんなに知らせたかったからですか？」。

この例では、支援者は子どもの実態ばかりを見て、良かれと思う支援をしました。しかし、それが母親の目にどう映るかという点については念頭にありませんでした。もし、母親がＡ君の発達に抱いている不安について気づいていれば、このような支援をすることについて事前に話し合うこともできたでしょう。それで保護者と支援者の双方が納得する解決が得られる保証はありませんが、少なくともその関係にいきなり亀裂が入ってしまうような事態は避けられたかもしれません。

❹障害受容を支援するということ

では、保護者の障害受容・子ども受容を支援するというのはどのようなことなのでしょうか。それを理解するためには、保護者の障害受容の過程を、少し違った視点で読み解く必要があります。

まず、子どもに障害があるという可能性に直面したとき保護者を襲うのは、巨大な喪失体験だ、という理解です。何を喪失しているのかと言われれば、「理想の子ども」だということになります。あるいは、子育てや家族に関する「夢」「願い」「希望」「あこがれ」のようなもの、と言ってもいいかもしれません。

私は、公益財団法人日本ダウン症協会という団体の代表者を二十年以上にわたって務めてきていますが、当然、幾多のダウン症のある子どもとその保護者に出会ってきました。ご存じの方も多いかもしれませんが、ダウン症というのは知的障害の中でも異様なまでに障害告知の早い障害です。9割以上のダウン症のある子どもは、生後1ヶ月の時点で確定診断がおりています。生後1ヶ月の赤ちゃんに知的な遅れがあると言われて納得できる保護者はいません。ところが、本を読めばそこに書かれている記述がことごとくわが子に当てはまってきます。これは、ダウン症が先天性染色体異常という生物学的特性ですから当たり前のことなのですが、この「当てはまる」という心理的衝撃は筆舌に尽くしがたいものがあります。多くの場合、数年の時間を経ていく中で、親子の関係は安定していくのですが、この初期の段階で、典型的な「喪失」体験が語られることがあります。

◇◇◇◇◇◇◇◇◇◇◇◇◇◇◇◇◇◇◇◇◇◇◇◇◇◇◇◇◇◇◇

私は、あの子（ダウン症のある子）がまだ妻のお腹の中にいたとき、もちろんダウン症だなんてことは知らず、ただ男の子ですと言われて、その足ですぐにスポーツ用品店に行ったんです。馬鹿ですよね。そのときはまさかダウン症だなんて思っていなかったから。で、息子と自分の分の、ボール、グローブ、キャッチャーミット、バット……ホームベースまで買ったんですよ。馬鹿ですよ。本当に馬鹿です。ダウン症だなんて思っていなかったから……でも……でもですね、私には夢だったんですよ。息子が生まれたら、野球をやってほしい、って……。息子とキャッチボールがしたい、息子の投げる球を自分がキャッチャーになって受けて……そんな父親になりたいって思っていたんです。それが夢だったんです。

この父親の語りには、子どもにダウン症という障害があると知ったことで、「こんな父親になりたい」という夢が喪《うしな》われてしまった、という思いが込められています。まさに喪失です。

障害告知をする専門家は、障害の告知を「足し算」のつもりで行います。保護者が子どもと向き合おうとする中で、少しでも有益な情報を付け加えてあげたい、と考えるのです。保護者が日々子どもと生活する中では、さまざまな「はてな?」が起こります。どうして白いご飯しか食べないのだろう、どうしてこんなに髪を洗うことを嫌がるのだろう、どうして毎朝着替えにこんなに時間がかかるのだろう……それに対して「感覚過敏」という専門用語が加わることで、生活の中に点在していた「はてな?」が線でつながっていく。そのために役立ててほしい、という思いで子どもの状態像に「名札」を貼ろうとするのです。しかし、障害の告知を受けた瞬間、保護者は「理想の子ども」を喪失しています。自分がほしいと思っていた子どもはどこに行ってしまったのか。そう感じているのです。だから、「名札」をもらっても、崩れてしまった瓦礫《がれき》のような子ども像のどこに貼ればいいのかわかりません。

実は、子育ての中で、こうした「夢の喪失」は常に起こっています。どんな子育てでも起こっているのです。子どもに障害があるかないかは関係ありません。そもそも、まだ見ぬわが子に親がかける夢や期待は、だいたいにおいて「自分が果たせなかった夢」なのです。「俺がどんなに努力しても立てなかった甲子園のマウンドにお前は立て」と言うわけです。それが親心というものの本質の一つだと思います。だからこそ保護者は、子どもにかけた夢や願いを、実際に子育てをしていく中で薄皮が剝がれていくように「喪失」していきます。

しかし、標準発達をする子どもの変化はスピーディーでクリアです。だから、ほとんどの保護者は「喪失」だと感じません。漠然としていた夢が、少しずつ地に足の着いた現実的なものになっていく「変容」の過程として感じるだけです。しかし、障害の告知は違います。それは、どんなにことばを選んだところで、どんなに心を尽くして語りかけたところで、保護者に届くメッセージはただ一つなのです。「あなたの子どもは普通ではない」。障害の告知はこれ以外のメッセージではあり得ません。「普通ではない」ということばは、夢やあこがれにつながるあらゆる道筋にシャッターが降りてきたような絶望感を保護者に与えます。障害受容の支援では、まず、こうした巨大な喪失体験の中から保護者は立ち上がってくるのだということを理解しておく必要があります。

すでに説明したように、ここから保護者は否認、悲しみ、怒りを経て適応に向けた歩みを始めます。このとき、保護者支援を考えるうえで非常に特徴的な二つの類型が現れることがあります。

◇◇◇◇◇◇

ダウン症のある2歳の女児の両親。2人ともとても高学歴で、収入も多いです。子どもの発達相談の場で、この両親は、相談者が思わずことばを失うようなことを語りました。

「私たちは、どんなことをしてでも、どんなに金がかかろうとも、この子を国立大の理系の大学院まで進ませます。国立大を修了させれば、もうこの子はダウン症ではありませんから」

◇◇

年長組に通う、知的障害を伴う自閉症スペクトラムの男児の母親。集団の規模が少し大きくなると情緒不安定になりがちなこの子について、保育者は何度も保護者と話し合いをしてきました。感覚過敏も強いのか、給食でも極端な偏食があり、ほとんど食べられる食材がありません。母親は、そういう子だからと、自宅から弁当を持たせたいと言いました。午睡も安定せず、みんなと同じ部屋にいると他の子の午睡を妨げてしまうような行動をとってしまいます。これについても母親は、無理に午睡をさせないでほしいと言いました。

その日、きたるべき行事に向けたクラス練習の中で、どうしても気分が乗らなかったこの子は、一緒にやろうと誘いに来た子どもにいきなり砂をかけてしまいました。幸い、大事にはなりませんでしたが、報告をしないわけにもいきません。保育者からことの顚末を聞いた母親は、やや憤然としてこう言いました。
「もう何度も、この子の特徴については説明していますよね？　この子は周りの空気を読むのも下手ですし、お友だちと仲良く一緒の行動をとったり、やりたくもない活動に入れられたりするのは嫌がるんです。どうしてそれがわからないのですか？　いつもいつもこんな話ばかり聞かされるのは私だって嫌です。どうか、二度とトラブルにならないよう、周りの子どもさんにもよく説明してください。何も起こらないよう、周りの子どもさんと関わらせないでください」

この二つの例に示されているのは、障害受容の過程で生じた「袋小路」のような心理状態です。前者では、子どもの障害が「できなさ」としてしかとらえられておらず、それを外的な条件で補おうとしています。「ダウン症のある立派に女性」に育てることが目標ではありません。「ダウン症ではなくなる」ことが目的で、それは学歴で達成できると信じているのです。みんなと同じことができれば、あるいは、みんな以上の水準で達成があれば、それでその子の「障害」は消失するという考えです。熱心さでもありますが、それは必ずしも子どもを受け容れた心理ではありません。「みんなと同じことができればいい」「普通になりさえすれば文句は言われない」という思いは、一歩間違えば著しく不適切なスパルタを本人に押しつけることにもなります。

後者の母親は、子どもの障害の特徴について理解できていないわけではありません。それどころか、人一倍理屈としては理解しているのかもしれません。しかし、その理解は、「障害があるのだから努力しなくていい」という免罪符になってしまっています。どんな障害であろうと、人が社会の中で生きていくものだということを考えれば、集団生活の中で適切な発達的負荷を経験し、それを乗り越えていくことでさまざまな力を獲得していくという道筋に変わりはないはずです。しかし、この母親ではそうした気持ちの動きにはなっていません。「障害があるのだからこの子にできないのは当然のこと。障害のない周りの子どもが気をつければいいはずだ」という気持ちになってしまっているようです。

こうした「袋小路」に陥ることなく、子どもの特徴を理解し、自責の思いも持たず、当たり前に生活を楽しむこと。それが保護者支援が目指しているイメージです。一見、そこに向けて着実に進んでいるように見えても、実は大きな落とし穴が待ち構えています。それは、保育所の時代にはほとんど感知できません。何年も先、子どもが成人に到達したときに出現してくるのです。

二十代の知的障害の青年の母親。青年は2年ほど前から生活リズムが崩れ始め、夜通し起きていたりすることも見られてきて、作業所の通所も不安定になってきていました。福祉サービスのコーディネーターは、生活リズムを立て直していくための方策の一つとして、週一回、ナイトケアを利用して自宅以外に泊まることを計画しました。保護者とのなれ合いに近い関係性のために、かえってこの青年のリズムが崩れているのではないかと考えたのです。

母親からの強い抵抗もあり、当面はお試し利用という形でサービス利用を始めることにしました。その初日、夕方に自宅まで迎えに行った事業所スタッフの目には、この世の終わりかと言いたくなるほど名残惜しげに青年を送り出す母親の姿が映りました。

「きっと寝ないと思います。みなさんにご迷惑をおかけすると思います。他の利用者の方にも迷惑をおかけすると思います。どんなに遅い時間になってもかまいません。私はずっと起きていますし携帯も持っています。いつでも連絡をいただければ迎えに行きます」。

さて、実際にはどうだったかと言うと、この青年は、初めての場所という緊張感も手伝ってか、予想よりもはるかに穏やかに事業所での夜を過ごしました。食事もおかわりし、就寝時にも大きなトラブルはなく、翌朝の目ざめもスムーズでした。

翌日、事業所のスタッフに送られて自宅に戻ったとき、出迎えた母親はあきらかに寝不足の目で、どんなに迷惑をかけたことか、ということを綿々と語りました。スタッフは、決してそんなことはなかったこと、意外なほどしっかりしていて、食事も睡眠もしっかりとっていたことを伝えました。すると母親からは「そうですか。たぶん、慣れない場所で本当の自分の姿を出せなかったのだと思います」という返事がありました。

その後、二度ほどお試しをくり返し、これならば週一で決まった曜日にナイトケアを実施できるだろうという見込みになりました。いよいよ定期利用が始まるという初日、迎えに行った事業所スタッフの前に現れたのは母親だけでした。青年は、と尋ねるスタッフに、母親は言いました。

「実は、先生方には言っていなかったんですけど、あの子は本当はナイトケアに行きたくないと言っていたんです。それはもう、最初からずっと言っていたんです。ただ、私にしかそれを言えなかったみたいなんです。でも、今日はもう本当に行きたくないと……。だから、申し訳ありませんが、サービスの利用はやめさせてください」

この母親の語ることは、本当なのかもしれません。しかし、ここに見られているのは、障害のある子どもの子育てをしてくる中で、「この子の保護者である」ということを自分の人生のアイデンティティ（生きがい、自分が生きている意味、生活の張り合い、といった意味合いです）にしてしまった保護者の姿なのかもしれません。もしこのようなアイデンティティを持ってしまえば、成人に達した後、保護者はほとんど無意識のうちに支援を排除し、子どもを囲い込むことになります。子どもが自立してしまえば、自分の生きる基盤がなくなってしまうとどこかで感じているからです。「親である」ことがアイデンティティになってしまった状態では、次のような事態も起こり得ます。

◇◇◇◇◇◇◇◇◇◇◇◇◇◇◇◇◇◇◇

２年間にわたる不妊治療の末に、極小未熟児で生まれた男児。１歳６ヶ月健診で発達の遅れと自閉傾向を指摘され、発達相談につながりました。この時点で母親はインターネットなどを通じて、「自閉症に関する情報をすべて調べた」と語りました。とても熱心ですが、不安の強い母親でした。４歳で幼稚園に就園しましたが、むしろ過剰適応のような状態が見られ、瞬きチックが出始めました。

カウンセリングが進む中で、母親は、医師から「歳なんだから言うことを聞いて絶対に作れ」というような言われ方をしつつ妊娠したこと、一度流産したものの、その直後にまた医師から妊娠努力を開始するように言われ、流産直後はいろいろと危ないのではないか、と心配したが、「あなたには時間がないのだから」と言われたこと、を語りました。そして、「ほしい」という心理的な流れの末に自然にできた子どもではなく、「作らなければ」という思いの末に生んだ子なので、自分には母になったこと自体の受容の問題があるのかもしれないと言うようになりました。

「この子については、いつ果てるともしれない不安があります。5年後くらいには追いつくのではないか、という思いもあるし。子どもはかわいいです。でも、関わりたくないときもあるんです。ただ、私は子どもに対してなんだか強い負い目があるんですよね。やらなければならない、これは私の仕事だから、という思いで育てています。生活のすべてが〝母親〟です。実は、夫との性交渉も、この子が生まれてからは一度もないんです。夫婦間の関係が悪化しているわけではないんです。とてもいい夫だし、父親だと思っています。なんだか、きょうだいのような夫婦になってしまった感じです。今さらセックスなんて、お互いに身内で近親相姦みたいでいやなんですよね」

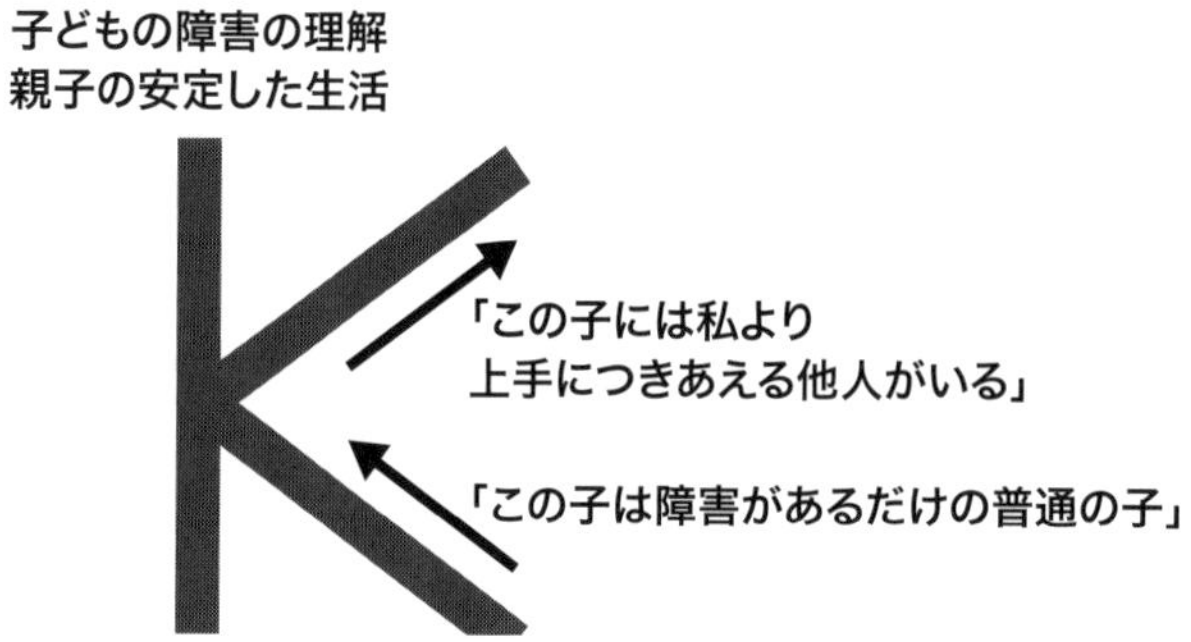

図５-２　障害受容支援のイメージ

障害のある子どもの保護者支援を、私はいつも、図５－２のようなアルファベットのKのイメージで考えます。

縦線は、子どもの障害の特徴を理解し、納得し、自然体でその子との生活を営んでいかれるような状態です。親子関係の安定と言ってもいいかもしれません。

当初、保護者支援は、この「安定」に近づいていくというイメージで行われます。子どもの障害を理解してほしい、その子に適した関わり方を学んでほしい、その子との生活を胸を張って送ってほしい……といったことです。この段階では、第4章でも述べたように、「この子は障害があるけれど、ただそれだけの普通の子だ」という認識を目指すことになります。

ところが、これが達成された瞬間から、今度はこの軸から離れていく方向での支援が必要になります。すでに述べてきましたが、子どもが一つひとつスキルを獲得し、発達的な水準を高めていくことは、そのたびに新しい課題や新しいニーズに出会うことのくり返しです。ニーズがなくなるという日は来ません。しかし、どこかで、保護者以上にその人のニーズに上手に対応できる「他人」が現れます。それは、私たちの人生でも同様だったはずです。そのときがある意味で「子育てが終わる」ときかもしれません。この段階では「この子には、私より上手に付き合える他人がいる」ということばを受け容れていくことが課題になるのだと考えられます。

保育所は、まだ親子の関係が始まって数年という時期の支援にあたりますから、このような成人期以降の課題に直面するわけではありません。しかし、保育所の時代であっても、「わが子を親以外の人の手に託す」という経験をしているわけです。たとえ子どもが幼児段階であったとしても、保護者支援にあたる支援者としては、その保護者が「子育ての終わる日」をイメージできるかということを考えながら関わる必要があります。支援者の目標は「私が死ぬときはこの子も連れて行きます」という保護者を育てることではなく、「この子の手が離れたらやりたいことがいっぱいあるんですよね」と語ることのできる保護者を育てることだというイメージを持っていていただきたいと思います。

以前、ダウン症のある子どもとそのきょうだいたちのキャンプを開催していたことがあります。保護者は参加させません。きょうだいも、キャンプ活動中の班を別々にします。自分より上にダウン症のあるきょうだいがいる子はできるだけその子よりも年下のダウン症のある子どもと組むように、反対の場合には反対に、という班編制をして、３日間のキャンプを経験してもらうのです。

初年度の初日のことです。とりあえずキャンプ地にテントを張ってから、全員でキャンプ場の周りの探索を始めました。ただ、私をはじめ「本部スタッフ」（班に張り付かず、活動全体を統括する立場）は、薪割りその他の支度があるため、途中でキャンプ場に引き返してきました。

そのときです。キャンプ場の周囲にある茂みの中で、ガサゴソと音がしたのです。

実は、このキャンプ場を下見に来たとき、管理事務所で「最近熊が出たんですよ」という話を聞いていました。これまでに事故は一度も起きていないとは言われましたが、この音を聞いたときにはさすがに青ざめました。男子学生のスタッフとともに、鉈《なた》と棒を持ちながら、おずおずと茂みの様子を確かめに行ったのです。そこで見たのは、参加者の中で最年少の男の子の両親がしゃがみこんでいる姿でした。

あきれた私が問いただすと、「預けはしたもののキャンプなんて初めてだし、心配で……」とのこと。看護師も同行しているし、マンツーマンでスタッフもついている。何かあればすぐに連絡する。頼むから、子どもたちが戻ってくる前に帰ってください、と頼みました。

3年後。その年のキャンプは、初めて移動に飛行機を使いました。集合は羽田空港。例の男児は、3年連続の参加でした。空港でスタッフが保護者から子どもさんを引き継ぎ、当日の健康状態や緊急連絡先などをうかがいます。その男児の両親が提出した緊急連絡先は、当時はまだ珍しかった携帯電話の番号でした。「ご自宅にはいらっしゃらないのですか」と尋ねた私に、父親が朗らかな声で言いました。「いやあ、せっかく子どもがいない三日間なんでね。夫婦で温泉周りする予定なんですよ」。

保護者も、「育つ」のです。

⑤「家では困っていません」の多様性

障害受容に困難を抱える保護者との関わりでは、しばしば「家では困っていません」ということばに出会います。このことばは、支援者を立ち往生させてしまいます。それ以上何を言っても受けつけてもらえない、という思いになるのです。

実は、「家では困っていません」ということばの背景は多様です。一方の端には、完全に力尽くで子どもを意のままに動かしているような虐待ケースがあります。このような親子関係では、親にとって困るような子どもの言動はすべて圧殺されてしまいますから、当然「困らない」ことになります。

もう一方の端には、これもまたタイプは異なるとはいえ虐待に近いのですが、そもそも困るほど子どもと密接に関わっていない、という親子の姿があります。早々に家を出て仕事に行ってしまい、帰宅は子どもの就寝後。実質的な子育ては祖父母がしていて、送迎も祖父母。祖父母から子どもの様子を知らされても「私は忙しいし疲れているから」と遮断してしまう。こうした状態であれば、何か指摘されても「家では困っていない」と答えるでしょう。正確に言えばそれは「私は困っていない」であって、実は家では祖父母が困っていたりするのですが。

この二つのタイプは、いずれも虐待的な要素が強く、保育所としては単独での関わりではなく、関係機関との連携の中で保護者支援にあたることになります。しかし、このような極端なケースの中間には、保育所が直面しなければならないものもたくさんあるのです。「家では困っていません」ということばの背景には、実は、「困るわけにはいかない」という思いが強く存在していることがあります。

◇◇◇◇◇◇◇◇◇◇◇◇◇◇◇◇◇◇◇◇◇◇◇◇◇◇◇◇◇◇◇◇◇◇◇◇◇◇◇

小学校1年生の男の子の事例です。

就学後、初めての給食の日でした。6年生が配膳に来てくれて、学校生活で最初の「いただきます」の声が響いた直後、ある班から驚きの声が上がりました。担任が行ってみると、その男の子がランドセルからマヨネーズを取りだして、おかずにもごはんにも山のように盛り付けていたのです。

驚いた担任が「これは何?」と尋ねると、男の子は平然と「マヨネーズ」と答えました。「お家から持って来たの?」には「うん」。「お母さんは知ってるの?」と続けると男の子は言いました。「お母さんが持っていけ、って言った」。

担任は、母親に連絡をとりました。そして、その日の夕方に、家庭訪問をしました。母親は一見するととても社交的な人で、丁寧に担任を迎えました。そして、子どもがどれほど学校に行くのを楽しみにしているか、学校が面白いと言っているか、という話をして、担任に感謝のことばをかけてきました。ベテランの担任でしたので、こうした話を上手に受け止めながら、それとなく話題を食事に誘導していきました。男の子はひとりっ子ですから、母親にとっては初めての子のはずです。初めての子であればいろいろと悩みも苦労もあったろう。自分も第一子を育てていたときには悩んだものだ。離乳食なんて、どうしていいかわからずに苦労した……などです。食事の話題になったとき、母親は軽やかに言いました。

「食事に関しては、あの子は全然困りません。何作ろうと、マヨネーズさえかければいいんですから」

これは一筋縄ではいかない、と考えた担任は、スクールカウンセラーと相談のうえで、時間をかけて母親との関係作りと話し合いをしていきました。ところが、その過程で、あれほど学校に対して好意的に見えていた母親から強い怒りが表明されました。どうしてマヨネーズを持っていってはいけないのか。そんな規則でもあるのか。マヨネーズは厚生労働省が認めた食品ではないのか。そもそも学校に子どもの食事の好みをあれこれ言う権利があるのか……。

種明かしをすれば、この母親は、「超」がつくほど真面目な人でした。初めての子どもを授かったとき、彼女は「子どもには絶対に手作りの食事しか食べさせない」と誓いを立てたのです。母乳のうちは何事もありませんでした。しかし、離乳食が始まったとき、彼女はたいへんな困難に直面しました。男の子が離乳食を受けつけないのです。彼女の努力はすさまじいものでした。無農薬有機野菜だけを買ってきて、時間をかけて裏ごしして手作りの離乳食を作るのですが、子どもは吐き出してしまいます。精神的に追いつめられた彼女は、ときには子どもの吐き出した離乳食を手づかみにし、泣きながら子どもの口に押し込もうとすることさえありました。なんとか乗り越えて1歳6ヶ月健診の時期まで育ててきたものの、健診では他の子に比べて身長も体重も下回っていました。そのことが、ますます彼女を苦しめていきました。

何度も孫の顔を見に訪れていた姑の目にも、彼女のやつれていく様子はわかりました。意固地になって「なんでもありません」をくり返す彼女に、姑は何度も何度も事情を尋ね、とうとう子どもの偏食が激しすぎることを知りました。すると、姑はツナ缶とマヨネーズを買ってきて、湯がいたツナにマヨネーズを混ぜ、子どもに与えたのです。彼女にすれば信じられないような献立でした。しかし、それ以上に信じられなかったのは、子どもが姑の差し出す食事をペロリと平らげたことでした。「あんまり勧められた食事ではないけどさ。時々はこういうのもありだよね。食べなくちゃ始まらないんだから」……姑のことばも上の空だった、と彼女は言いました。

「私は、何時間もかけて……。絶対安全で、手作りの食事を作ったのに、あの子は全然食べなかった。それなのに、そんな出来合いのツナ缶にマヨネーズなら食べたんです。私は何時間もかけたのに。私の手作りより、スーパーの出来合いのほうを食べたんです……」

彼女が泣きながらそう語ったのは、あの「マヨネーズ事件」から一年近くが経過してからでした。そこで初めて担任は気づいたのです。彼女にとって、学校給食の開始はおそらくとてつもなく恐怖に思えていたのではないか。自分の子どもが給食で出されたものを何一つ口にしないようなことがあれば、自分は何を言われることになるかわからない……と。その思いの中で、彼女は初めての給食の日、わが子にとって「魔法の食欲増

◇◇進剤」であるマヨネーズを持たせたのです。

「家では困っていません」という主張の背後には、しばしば「ここで困りを認めたら玉突きが起きる」という不安があります。子どもに発達のつまずきがあることを認めてしまったら、次は専門機関に行けとか、保育所を退園させられるとか、仕事を続けられなくなるとか、避けていたいと思っている実家からの介入が始まる……といった思いの連鎖です。中には、子どもの障害を認めることで夫婦関係が悪化することを怖れる場合もあります。

こうした不安があると、「困っている」ことを認めるわけにはいかなくなります。そして、「困っていない」と実感するためには、「困らずに済むような生活の仕方、子どもへの接し方」を作り出していくことになります。前の例であれば、「何を作ろうとマヨネーズ」というルールさえ受け容れてしまえば、子どもに食事をさせることのストレスは感じずに済むことになるのです（もちろん、それは保護者の不安を本質的に取り除くものではありません。この例でも、母親は担任との信頼関係の中で、長年にわたって抱えてきた不安を泣きながら訴えることができたのです）。こうした、「困らない生活を作り出す」例をもう一つ挙げましょう。

　１歳６ヶ月健診でまったく発語が見られず、母子保健サイドがフォローしていた男児。母親は、ことばの遅れがあるかもしれないと指摘されたとき、「遅れてるかもしれませんね。でも追いつくので」と答えました。家では男児のやりたい放題の状態で、母親はほとんど子どもの言いなりになって動いているようなものでした。保健師がそのことを指摘しても「別に困っていません」と言うばかりです。さらに細かく男児の発達の問題を指摘しても「そもそもどうして指さしがないといけないんですか？　私にはこの子が何をしたいかちゃんとわかります」と言います。母親のこうした態度は、年少で保育所に入った後も続きました。その頃には発話が見られていましたが、あきらかにエコラリア（オウム返し）だと思われました。しかし母親は「私の言うことがとてもよくわかっているということだと思います」という評価でした。母親のこうした頑なとも言える態度の理由がわかってきたのは、就園から４ヶ月目に、保育所で夕涼み会が開かれたときでした。一度降園してから夜に再び親子で園庭に集合するという行事でしたが、事前の確認では母親は「自分と子どもの２人で参加します」と言っていて、事実、２人で再登園してきました。ところが、行事の中盤になって、突如父親が来園したのです。父親が来園したことに気づいたとき、母親の顔色が変わるのを保育士は見ていました。保護者たちの輪の中に入った父親は、ほどなくして真面目な顔でこう言ったのです。「今日は僕の家の中は仮面ライダーのパワーで一杯になってます。だから、今、僕の背中からも仮面ライダーのパワーが出ているんです」。

◇◇◇◇◇◇◇◇◇◇◇

啞然とする周囲の反応をよそに、父親は嬉々としていかに仮面ライダーのパワーが優れたものかを語り続けました。あきらかに強い発達的な偏りを持った人であることが保育士にはわかりました。そして、母親がこれまでに示してきた態度には、この父親の存在が絡んでいるのではないかと察したのです。

それは間違いではありませんでした。その後、長い時間がかかりましたが、母親は徐々に結婚前からの人生について語り始めたのです。父方の家系では代々自殺者が出ていること、父親は一度結婚したものの、妻の些細な発言に怒り、数ヶ月で離婚してしまったこと、幼稚で奇行が多いながら、唯一の男子で「跡継ぎであらねばならない」父親の生活に「形をつける」ために、親戚筋であった母親に白羽の矢が立てられたこと、そうした親族内の「圧力」に抗しきれなかった自分のこと……。母親にとっては、子どもの発達に遅れがあることを認めることは、自分の人生に対する強い否定感情を呼び起こしてしまうものであり、そんな感情にとらわれたときに「自分が正常でいられるかわからない」という不安があったのでした。しかも、子どもは男児であって「跡継ぎ」候補です。もしこの子に障害があるということになれば、もう1人産むような有形無形の圧力が自分にかかってくることも気づいていました。それは言うまでもなく父親との性的関係を結ぶことであり、それが母親には耐えがたかったのです。

「家では困っていません」という語りに出会ったときに、この保護者は障害の受容ができていない、と単純に判定するのではなく、「この子と生活していてどのようにして困らないようにしているのか」ということに関心を向けてほしいと思います。そこには、たいていの場合、無理な、あるいは不自然な関わりが見出せます。そこに焦点を当てて、共感的な関わりをベースにしながら時間をかけて話をしていくことで、ようやく保護者の本心にたどり着くことも多いのです。

❻障害受容を促していく手立てとは

では、実際に障害受容に困難を抱える保護者を前にして、どのようなことに留意していけばいいのでしょうか。その筋道を述べてみたいと思います。

①子どもの行動をメカニズムで説明する

これはすでに述べました。しかし、支援のあり方を決める本当に重要な点なので改めて述べます。支援者の、保護者に対する説得力とか影響力というのは、支援者のことばで保護者がどのくらいわが子のつ付き合い方の地図を描きやすくなるかということで決まります。それが、メカニズムで説明するということです。できるなら、保護者の生活の中で保護者自身の行動としてイメージできるようなたとえ話ができると望ましいです。見通しの力が弱く、行動の段取りをつけることが難しいために、いつも行動を起こしてから困ってしまう、というメカニズムについて、台所で調理をしている場面になぞらえて、作る献立に必要な材料が見通せず、フライパンを火にかけてからあわてて冷蔵庫にとって返しているような状態、といった説明をするということです。

②「能力」から「やり方」に語りを変える

これもすでに述べました。①がしっかりとできていれば、②は自然と出てきます。何かができるかできないかということではなく、その状況で子どもがどんな気持ちになっていて、それをどんな表し方で伝えてきているのかという語り口に変えることで、保護者の子どもに対する関わり方に具体的な課題や目標を設定しやすくなります。

③どんなふうになりたいか、についてのイメージを共有する

次に、自分と子どもの生活の中で、できるだけ具体的な状況を思い浮かべ、そこで子どもにどんな反応が出てきてくれたら楽なのか、うれしいのか、安心なのか、ということを考えていきます。①と②がしっかりできていないと、この目標設定の段階で突然現実離れした内容が出てきたり、ひどく時系列の離れた目標（たとえば、自分が死ぬときにはこの子は結婚できているでしょうか、など）が出てきたりします。その場合には、あらためて①と②を見直していく必要があります。

④目標とするイメージに対する、保護者自身の行動目標を決める

目標とするイメージができあがったら、その実現に向けて相談に来ている保護者自身の行動目標を決めていきます。保護者支援の領域ではしばしば、「他力本願」の目標で支援者が満足してしまっていることがあります。たとえば、「もう少し夫にこの子の特性を理解してもらえたらうれしい」といった目標設定です。これはとてもわかりやすい目標ですし、母親の心情として決して嘘ではないのですが、ただ、「夫の目標」なのです。夫にもっとこの子の特性を理解してもらえるようになるために母親であり妻であるあなたには何ができるのか、というところまで進めて初めて目標になるのだ、ということです。

⑤その目標に照らして、あらためて子どもの行動のメカニズムを考える

ここまで進めてきて、あらためて「あの子はどんなふうに考え、感じ、反応するだろうね」というメカニズムを考えていくことになります。これでサイクルが①に戻ったというイメージを持っていただけるといいかもしれません。

最後に、そもそも、保護者の障害受容を支えるというのはどういう営みなのかということと

を確認しておきましょう。子どもの障害の特徴を指摘し、子どもに障害があることを納得させるということが障害受容の支援なのでしょうか。

私は違うと思っています。障害受容とは、障害と呼ばれる特徴を持った子どもと「うまくやっていく」具体的な方略を積み上げていくことだと思います。仮に、子どもの障害について、診断名を含めて一切認めようとしない保護者がいたとします。現実的にはなかなかあり得ないことですが、この保護者の子どもとの暮らしぶりが、朝起きてから夜寝るまで、親子ともどもほとんどストレスなくうまく回っているとしたらどうでしょうか。私は、これは障害の受容ができている状態だ、と思います。子どもの特徴をしっかりと理解し、こういうときにはこうしたほうがいい、という選択を適確にすることができるのですから。「現実的にはなかなかあり得ない」と書いたのは、診断名とか判定名といったラベルは、確かにさまざまな問題はあるのかもしれませんが、それでもその子のリスクやその対処法についておおまかな方向性を示すものとして一定の有効性を持っているからです。そうしたラベルを一切拒んでいながら、子どもの特徴にパーフェクトにフィットした関わりができる、ということはまずあり得ないということです。

さて、「うまくいく方略」の積み重ねこそが受容の支援であるとすれば、保育所が保護者の障害受容に関してもっとも力を発揮することができるのは、その子と付き合うモデルを示すことだ、ということになります。「○○君は、今日は～の理由で△△の状態になってしまったんだけれど、～のようにしたらうまくいったよ」というモデルをできるだけたくさん探すということです。そのことが、保護者に対してその子どもと上手に付き合っていくヒントになっていくのです。

ただ、そもそも家庭にいる子どもと保育所にいる子どもは行動像が違います。ですから、保育所でうまくいったエピソードをいくら伝えても、「そもそも家ではこの子はそんな問題行動をしませんから」と言われてしまうこともあります。とりわけ、養育に虐待的な要素が濃く、親の意のままに子どもを力尽くで動かそうとしているような親子関係ではこうした言い方がなされます。

ここを乗り越えていくために保育者に必要とされているスキルが、子どもをカテゴライズするのではなくメカニズムでとらえていくことなのです。保育者との関わりがどのようなメカニズムでうまくいったのか、もしそのようなメカニズムで考えていくと、家庭ではどんなやりとりが起こり得るのか、といった説明ができるかどうかということです。

いろいろと述べてきましたが、このような努力をしても、やはり子どもの状態像について納得ができない保護者はいます。そのとき、保育者にできることは何かと言われれば、子どもと関わることです。保護者は日々の送迎場面で、保育者を避けるような振る舞いをするかもしれません。話し合いをもちかけても断られるかもしれません。しかし、子どもは毎日登園してくるのです。「私たちがどう頑張ったところであの親では何をやっても無駄だ」というのは、保育士としての誇りに反することばです。確かに、「難しい保護者」の子どもは「難しい子」であることが多いでしょう。それでも、保育士は毎日その子と関わり、影響を及ぼすことが許されています。外来の相談機関にいる人間などは、万一保護者との関係作りに失敗してそっぽを向かれてしまえば、もう子どもと接する機会を失うことも多いのです。保育所にはそれがありません。

障害受容の困難さを抱える保護者は、いわば天岩戸《あまのいわと》にとじこもるアマテラスのようなものです。天岩戸は力尽くでは開きません。しかし、楽しげなアメノウズメの踊りと宴の声が聞こえれば、アマテラスは外を見ようとして岩戸の扉を押すのです。アメノウズメの踊りと宴の声に当たるのが、保育所の発達支援による子どもの変化です。「この子はどうしてこんなに保育所に行きたがるのだろう」「この子はどうしてこんなに先生の名を出すのだろう」……そうした気づきが、保護者の障害受容を後押しします。この子は変われるかもしれない、という思いが、ようやく保護者に子どもの「今」の姿を受け容れる勇気を与えるのです。そのために何が工夫できるのかということは次の章で詳しく述べますが、最後に一つ事例を挙げておきます。

年中組の男児の母親。継続して発達相談に来ていました。この母親の場合には、子どもの障害について否定しているというわけではありませんでした。子どもが他の子に比べて発達的に偏っている、ということは理解していました。しかし、「少なくとも家では何も困っていない」と主張していました。年少組から就園していましたが、保育所の対応に対する不満と不信感は並々ならぬ強さでした。「あの人たちは専門性が低すぎます」「毎日毎日、子どもが失敗したことしか言いません」「自分の仕事にプライドのない人たちだと思います」といった発言が次々に飛び出し、最後はきまってこんな発言になります。「確かにウチの子は少し違うかもしれません。でも、家では何も困っていないんです。それは私がこの子の特徴を理解して、それに合わせてあげているからです。大人がそうやって工夫すれば、この子は普通に生活できるんです。それが保育所の先生たちにはできない。だからこの子が障害があるとばかり言います。自分たちの関わりのまずさを棚に上げて、子どものせいにしているんです」。

あまりの攻撃性の強さに、ともかく保育の実態を見たいと思って私は保育所を訪問しました。園長先生に挨拶をしたのですが、開口一番出てきたのはこんなことばでした。

「あの母親は、子どもの実態をまったく理解しようとしません。とにかく、これだけ保育所が努力しているのに、これまでただの一度も感謝のことばを発したことがないんです。園長として、自分は担任の保育士がかわいそうでなりません」

これは時間がかかる、と私は思いました。保育所と保護者が、完全に相互不信に陥っていたからです。定期的に保育所を訪問することの許可をとって、私は保育所に通いました。園長先生からも担任からも、そのたびに母親に対する不平不満と批判が訴えられました。私が通い続けたのは、もちろん男児の保育について具体的な助言をする目的もありましたが、密かに目指していたのは保育所側の母親への怒りをガス抜きすることでした。定期的に訪れる私に対して怒りを吐き出すことができると思ってもらうことで、その怒りが日々直接的に母親に向かってしまうことが減るのではないかと期待していたのです。そのねらいは当たりました。担任の先生も園長先生も、自分たちの仕事についての自負のある方でしたから、母親との関係を改善したいという気持ちはもちろんありました。1ヶ月我慢すればまた私（玉井）が来る、と思うことで、たとえ無理のある作り笑いだとしても、母親に向けることができるようになっていったのです。

やがて子どもは年長組に進級しました。周囲の子どもの成長もあり、子ども同士のトラブルはずいぶん減少していました。担任の先生が、私の助言を受けて関わり方に工夫をしてくれたことも奏功していたと思います。年長組に進級して2ヶ月ほど過ぎた頃、この子は「僕は○○組（年長組）になったんだから頑張るんだ」と担任に言ったのです。これは担任にとっても驚きのことばでした。そんな自覚を持っている子だとは思っていなかったからです。

それからさらに2ヶ月ほど経った夏場の発達相談で、母親が「あの子が、年長になったから頑張るんだ、って言うんですよ」と報告してくれました。ああ、家でも言ったんだ、と私は思いました。その後です。母親はぽつり、という感じでこう言ったのです。

「まあ正直に言うと……先生たちには、迷惑かけてると思うんですよ」

私は、驚いて母親の次のことばを待ちました。

「たいへんだと思うんです、ウチの子をみるのは。……個別対応ができる場所ではないですし。やめてください、って言われても仕方ないかなって覚悟もしていました。でも、みてもらって……。ホントは、ありがたいな、って、思うんですよね」

私は、望外とも言える母親のことばに内心喜びを爆発させながら伝えました。「そのことばは、ここで僕に言うのではなくて、いつの日か担任の先生に言ってあげてください」。

第6章

子どもとの関わりのモデルになる

ここまで、保育所における保護者支援の基盤となる考え方に始まり、発達障害のとらえ方、家族システムの評価とその歪み、さらに保護者の障害受容過程をどう支援するかという話を進めてきました。そして、保護者支援がうまく進むかどうかは、保育者自身がその子どもとの良好な関係を築くことができるかどうかが大きな要因であるというところまできました。

当たり前のことですが、自分の子どもと上手に関われていない人間から、子どもへの関わりについてあれこれ指摘されても、保護者は納得しません。保護者支援を進めていくためには、まず保育者が子どもとの関わりの質を上げていく必要があるのです。この章では、子どもとの関わりを作り出していくための工夫について述べていきたいと思います。

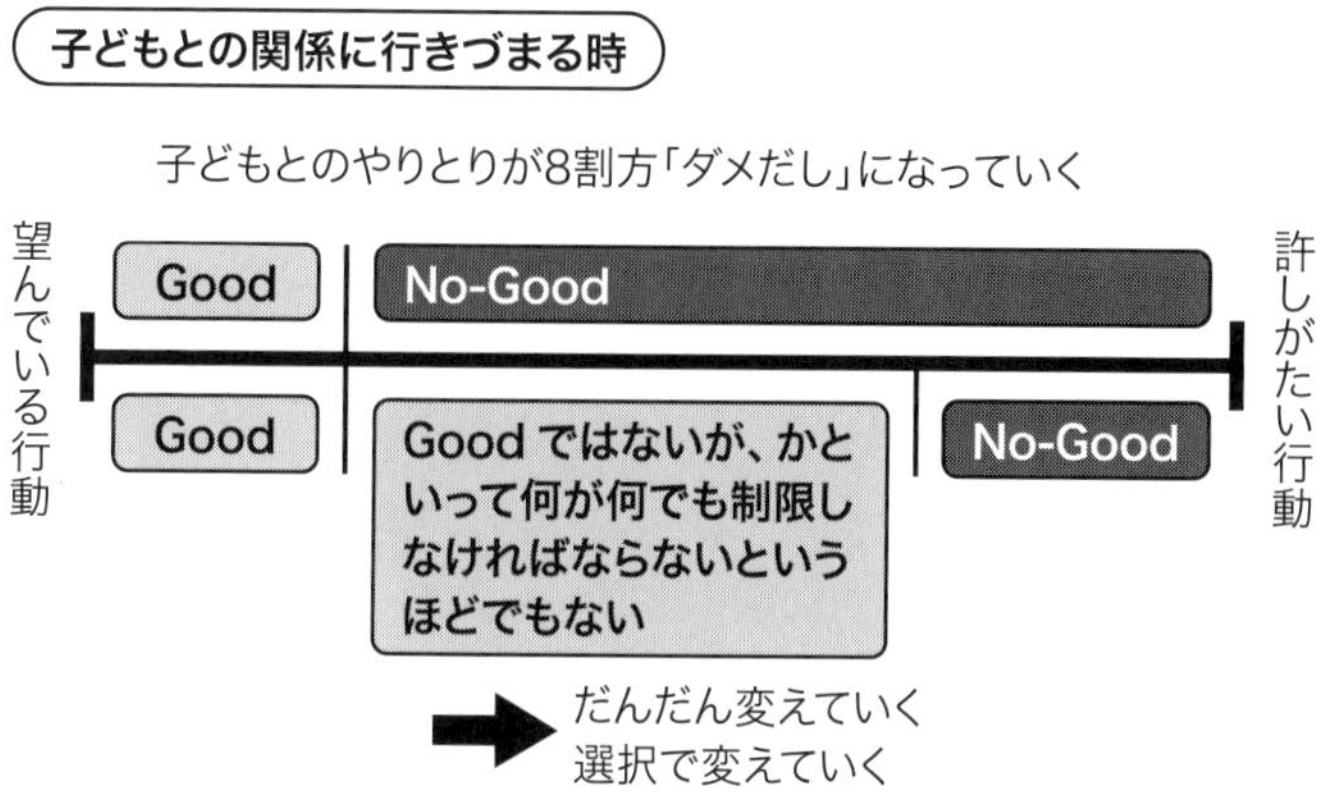

図６-１　子どもの行動を三つに分類する

❶子どもの行動への見方を変える

まず、図６－１を見てください。保護者であれ保育者であれ、大人が子どもとの関係に行きづまっているときというのは、たいてい子どもの行動に対する見方が二分法になってしまっています。「望んでいる行動」と「許しがたい行動」という両端があるとして、子どもの示す言動が「Good」と「No-Good」のどちらかであると評価されてしまっているのです。こうなると、残念ながら子どもの言動の8割方は「ダメだし」の対象になっていくものです。そこで、まず、子どもの言動について、三つに分類することが有効になります。つまり、「Good」と

「No-Good」の間には、「Goodではないが、だからといって何が何でも制限しなければならないというほどでもない」という言動が、かなりの範囲で存在しているはずなのです。

子どもの言動を三つに分類することの効果は、まず、「だんだんに変えていく」という発想になれることです。「Good」と「No-Good」の二分法で考えていると、許しがたいと思っている行動を一気に望ましい行動に変えようと考えてしまいますし、結果として、たいてい失敗します。しかし、その両端の間の領域を考えることができると、まずは「よりましな行動」に置き換えて、最終的に「望ましい行動」になってくれればいい、という心理的な余裕が生じることになります。もう一つは、子どもに求める言動に現実的な選択肢を与えられるようになる、ということです。

❷子どもに選択させること

選択肢を与えて子どもに決めさせるということは、大人と子どもの関わりをとても柔軟にします。選択肢のない指示は、子どもからすれば実質的に「命令」です。大人が指示する行動をとるかとらないか、という二者択一になります。しかし、そこに選択肢を導入することで、子どもからすれば行動の自由度が上がることになります。もちろん、結果としての行動にはなんら変わりがない、ということもあります。「出したおもちゃを元の箱に片づけてちょうだい。今すぐしてくれてもいいし、お風呂から出た後でもいいけど」という言い方は、結局のところ「片づける」ことを要求しているわけです。しかし、それをするタイミングが今すぐなのか入浴の後なのかということを選択できることで、子どもからすれば「押しつけられている」という感覚が弱まるとともに、「自分で決めた」という感覚が生まれます。心理学用語で言うと、これは「自我関与」を高めるということになります。

ただし、選択させる場合には、いくつか非常に重要な留意点があります。

第一は、もし子どもに選択肢を提示したとき、子どもが第三の選択肢を持ち出してきたらどうするか、ということです。それがあり得ること、許容できることならば、これは喜んで受け容れてください。ところが、これがなかなか困難なことなのです。大人は得てして自分なりに考え、きっとこれが最善だろうと思って子どもに指示を出しています。子どもが第三の選択肢を持ち出すというのは、その時点で子どもの知恵が何らかの意味で指示している大人を凌駕《りょうが》しているわけです。これは大人にとって必ずしも面白いことではありません。その結果として、十分に許容できることであるにもかかわらず子どもの提案を否定し、「だめ。

ママが言ったどっちかにして」と強要してしまったりするのです。このことに関しては、私自身がおそらく生涯忘れないだろうという経験をしているのでお伝えしましょう。

私の長男はダウン症を持って生まれました。彼が3歳になる年に、弟が生まれました。弟には知的な遅れなどはありませんでしたが、とにかく俗に言う「癇《かん》の強い子」で、毎晩寝かしつけるのが一苦労でした。車に乗せて走っていたり、抱っこして歩いていたりすると比較的おとなしく眠ってくれるのですが、布団に置いたとたんに目ざめてしまうというタイプの子だったのです。ですから、彼を寝かせるのは毎晩の難行でした。部屋を閉め切り、豆ランプだけの照明にして、私も横に寝て彼の肩や背中を一定のリズムで叩いていたものです。

ところで、その時期、ダウン症のある長男は、ようやく音声発話が出てきました。といっても有意味語が出てきたというわけではありません。彼が当時しきりにくり返していたのは「どわい」ということばでした。どんな意味かわかりません。というより、一種の万能語のようなものでした。

弟を寝かしつけていると、長男は私と弟が寝ている布団の横に来て、「どーわいやっ

と　どーわいやっと　どーわいやっと！」とくり返しながら動き回るのです。これはたまったものではありませんでした。何度静かにするように指示しても哀願しても、わかったという仕草はするのですが、私が寝かしつけの姿勢に入ればすぐに「どーわいやっと」です。

あるとき、私は疲れもあり、とうとう我慢ができなくなりました。弟が覚醒してしまってても構わない、と思い、かぶっていた布団を蹴り上げるようにして起き上がり、長男の両腕をしっかりとつかまえました。そのまま壁際まで長男を連れて行き、きつめの調子でこう言ったのです。「この部屋にいたいなら黙って座ってろ。どわいどわい言いたいなら、隣の部屋に行ってやれ！」。まさに、選択肢を与えたのです。

長男は、いつにない私の剣幕に驚いたのかもしれません。動きが止まり、声も止まりました。そうやって黙っているのであればそれはそれでいいと判断した私は、再び弟を寝かしつけるための姿勢に戻りました。

そのときでした。長男は、おもむろに右手の人指し指を立てて、自分の口の前に当てました。そして、ゆっくりゆっくり私たちの布団の周りを歩き始めました。ささやくような小声で「どわい　どわい」と言いながら。

彼は、第三の選択肢を見つけたのです。父と弟のそばに居続けながら、大好きな「どわい」を言い続ける道を。

◇◇◇◇◇◇

子どもが第三の選択肢を持ち出すということは、大人が提示した選択肢のどちらも不本意だった、ということです。そこで持ち出される第三の選択肢は、子どもにとってその時点での欲求と大人からの要求の折衷点のことが多いのです。それだけの認知的な作業を子どもが自発的にしたのであれば、これはどう考えても許容すべきことです。もちろん、子どもの持ち出した提案が、およそナンセンスなその場しのぎであることが明らかならば、「それはこちらがしてほしいと思っていることと関係ない」ということをきちんと伝えて選択を迫ることになりますが、時として子どもはこの例のように奇跡的な解決策を見出したりします。それは喜んで認めるべきことなのです。

選択の第二の留意点は、選択させる以上、子どもが選んだ通りの行動を遂行できるかどうかは確かめる、ということです。言い方を換えると、その確認ができないような生活範囲／時間範囲の選択を許容してはならないということです。「ゴミを捨ててきて」という指示に対して「明日の帰りの会の後」などという選択が出てきたら、これは確認できるかどうかの保証がまったくない（というより、ほとんどあり得ない）選択ですから、許容はできません。あくまでも「今」か、「お昼寝の後」か、という範囲での選択をさせる必要があります。選択した通りに行動できたかどうかの確認を大人が怠れば、選択させるという関わりは子どもにとってその場をしのぐ方便にしかなりません。

第三の留意点は、「選択されてもいいような選択肢を準備する」ということです。あまりにも当たり前すぎて、なんでそんなことに配慮しなければならないのかと思われるかもしれません。しかし、得てして大人は腹立ち紛れに、「選択されたら困る」あるいは「そんな選択はあり得ない」行動を選択肢にするのです。「今すぐお風呂に入る？　それとも死ぬまでゲームしてる？」とか「〇〇君、みんなと一緒に練習する？　それとも帰る？」などといったことばがけがその典型です。「死ぬまでゲームする」などという選択はそもそもあり得ませんし、「帰る」と言われたら帰すのか、という話になります。こういう選択肢を持ち出すときの大人は、残念ながらたいてい子どもの言動に対して煮つまっていて、どうしていいかわからなくなっていることがほとんどです。

選択は、文字通り「どちらを選ばれても許容できる」という選択肢からさせる必要があるのです。そのためにも、子どもの行動の評価を三分法にするということが大切になります。

❸ 指示は通じているのか

子どもが言うことを聞いてくれない、という訴えは、保護者ばかりか保育者からもしばしば出ます。ここにはさまざまな要因が考えられますが、まずは、大人からの指示が子どもにきちんと理解できているのか、届いているのか、ということを確認するという姿勢が重要になります。

子どもは、大人とは物の見方や感じ方が異なる生き物です。これは、身長や感覚能力の成熟発達という点からもそうですし、精神的な構造からしてもそうです。保育者であれば、夏のプール活動で、気温を子どもの顔面近くの高さで測定するのは常識でしょう。これはすなわち、大人と子どもでは同じ天候でも体感温度が違うということを前提にしているからです。

こうした、いわば「生物学的」に大人と子どもは違うというだけではなく、大人というものは、ほとんどの場合、子どもとの会話や子どもへの指示において、「こんなことは当たり前」という大人勝手な判断をして、それを伝えていません。ほとんどの子どもは、その、いわば括弧の中にくくられた大人のメッセージを理解します。しかし、それができない子どもいるのです。

◇◇

これは小学校の事例です。２年生の生活科の授業で「学校の周囲にはどんな危険な場所があるのか」ということを確かめてみようという校外学習がありました。担任に連れられて学校の周囲を回るのですが、学級にはひとり、どうしても集団活動に困難をきたす子がいました。集団での動きの一つひとつに、この子は遅れが出ます。いよいよ学校周辺を一周して、さあ教室に戻るという時点でも、まだ彼は他の子から100メートルくらい離れた場所で蟻《あり》に夢中でした。

担任は、さすがに授業の終了時刻が迫ってきたこともあり、少しきつい声でこの子の名前を呼びました。「もうみんなここにいます。全力疾走！」と。

さて、この子は担任に名前を呼ばれるとはっとしたような立ち上がり、走り始めました。そしてものの十数秒後のことです。担任は再び彼に叱責の声をかけていたのです。

「誰が先生より先に行っていいと言いましたか！」

これは学級での活動だ、学級の他の子どもはすべてここにいる、その輪から外れているのはあなただけだ、それを指摘した。すぐに集団に追いつけと指示した……「だから集団の待機しているところまで走ってきて止まるのが当たり前だ」。この括弧の中が、この子には伝わらないのです。全力疾走と言われたから全力で走った。結果として先生やクラスメートのいる場所を通り過ぎてしまい、また叱られた。でもおそらく、この子には二度目の叱責の理由はわからないでしょう。大人は、「難しい子」であればあるほど、自分の発言や指示の中に括弧内にくくったメッセージがないかどうかをチェックする必要があります。もう一つ例を挙げましょう。

就学を目前にした自閉症スペクトラムの男児。何度も定期的な相談の場で会ってきました。就学すれば、この相談は終了になります。最後の相談日、さまざまなふり返りの会話をしながら、私はこう尋ねました。「○○君の行く学校はどこ?」。

彼は平然と答え始めました。「家を出て、コンビニの前の横断歩道を渡ったら左に曲がって、自動販売機のところまで行ったら右に曲がって……」。一通り道順の説明を聞き終えた私は、反省を含めてもう一度質問しました。「そうか。○○君の通う学校のお名前は?」。彼は、即答しました。「△△東小学校!」。

彼にすれば、「Where is your school?」の答えは場所（道順）であり、「What is the name of your school?」は校名なのです。

大人の指示が子どもに通じないもう一つの要因は、「行動のユニット」という考え方です。大人が子どもに要求している行動は、ほとんどの場合、いくつかの行動の連鎖です。「片づけ」「給食の準備」「お帰りの支度」などなど、考えていただければすぐにわかりますが、複数の行動が一定の順序で組み合わされて、「一つの行動」として求められています。大人からすれば、個々の仕草や行動の順番には意味があります。先にAをしておくからBがしやすくなるといった合理的な理由があるのです。ところが、子どもによってはこうした行動の連鎖の意味が理解できていなかったり、そもそも一連の行動の結果がどうなるのかについての見通しが持ちにくかったりといった理由で、行動がユニットになっていない場合があります。その場合には、子どもは要求された行動のユニットにとりかかりはしても、最後まで遂行できずに途中で別な行動に気が逸れてしまったりします。指示が通らないと感じたときに、子どもがこちらの要求した行動にまったくとりかかろうとしていないのか、始めてはいるけれど途中でノイズが入ってしまっているのかを確認することは大切です。いずれの場合でも、子どもに要求している行動のユニットを一度細分化して教えることになりますが、前者の場合であれば細分化されたそれぞれの行動の意味やつながりを伝えることから始めますし、後者であればまずはその行動のユニットにとりかかったことを評価して、次はどうするのかを考えさせることになるでしょう。

④ほめるということの意味

子どもはほめて育てるべきか叱って育てるべきかという議論は昔からありますが、どちらか一方でいいという考え方はおそらく間違いでしょう。どちらも必要であることは確かです。ただし、順序としてはほめることが先行すると考えるべきです。

子どもの行動をほめるという行為は、その行動でオーケーだというメッセージを伝えることです。叱るというのはその反対です。叱られて、行動を望ましい方向に切り替えることができるのは、何が望まれている行動に当たるのかを知っている場合です。それを教えずに叱ることばかりをしているのは、ただ一つの「望ましい穴」から出てくるまで、それ以外のすべての穴で叩かれ続けるモグラ叩きのようなもので、ゲームのモグラは「望ましい穴」にたどり着くまで動いてくれるかもしれませんが、生身の子どもは三度四度と叩かれた時点で次の穴から顔を出そうという意欲を失うかもしれません。奇妙に聞こえるかもしれませんが、なぜほめなければならないのかと言われたら、叱ることに効果が出るようにするためだ、ということになります。

ほめるという行為にはいくつものポイントがあります。まず第一に、具体的なほめ方が大事だということです。「いい子だね」とか「ちゃんとできたね」ということばのかけ方は具体性がありません。もちろん、その前にきちんとするべき行為の段取りが子どもに示されていて、それが遂行できたときにこうしたことばがけが起こるのであればいいのですが、「どの行動がほめられたのかわからない」と子どもが感じるようなほめ方は効果が薄いということです。

二つ目のポイントとして、タイミングがとても大切だということがあります。先ほども述べましたが、何かまったく新しい行動のユニットを学習させようとしているのであれば、その行動が始まったらすぐに「それでいい」というメッセージを送るべきでしょう。もうすでにその行動のユニットがある程度まではできているというのであれば、途中までは見守って、「ここからは正しく行動が遂行できるか怪しくなる」というポイントで指示を出しながら「ここまではオーケー」というメッセージを送ります。

三つ目は、子どもの行動の意図を察するということです。その意図が明確で、しかも望ましいものなのだとしたら、たとえ行動のパターンそのものに多少のルーズさや間違いはあっても、まずは意図をほめてあげるということです。たとえば、下の子が生まれてきて、なんとか家庭内における新しい自分のポジションを探そうとしている子どもがいるとします。赤ちゃんが泣き出したとき、その子は急いでカラーボックスにつめられた紙おむつの一つを取りだして、お母さんのところに届けます。これは、手伝うという行為を通して、兄（姉）という役割とポジションを確保しようとしているわけです。それがわかるのであれば、たとえ紙おむつの取りだし方がルーズで残りの紙おむつが散乱してしまったとしても、「手伝う」という意図をきちんと評価して、散らかった紙おむつは一緒に片づければいいということになります。くれぐれも「余計な仕事を増やさないで」などとは言わない、ということです。

最後に、ある意味でこれがいちばん難しいことがあるのですが、ほめるときはそもそもほめる気持ちでほめる、ということです。ほめろと言われたから仕方なく口先だけでほめている、というのは子どもに伝わりません。保護者も保育者も人間ですから、気持ちに余裕を失うことだってあります。とてもほめる気分になれないということもあるでしょう。そのときには、率直に自分の気分を伝えて、子どもの言動には問題ないよと言ってあげるほうがいいと思います。無理に気分を押し殺して、ほめことばの裏にあからさまな苛立ちを込めてしまうよりは、ずっと子どもにとって安全な関わりになるでしょう。

第7章

機関連携の中での保護者支援

保護者支援は保育所だけでできるわけではありません。この章では、さまざまな機関との連携の中で保育所が果たしていくべき役割が何なのかについて考えていきたいと思います。

❶療育サービスと保育所

発達につまずきの想定される子どもでは、保育所に通う年齢段階で、すでに個別的な療育の場につながっている場合も珍しくありません。保育所は個別療育の場ではありませんから、個別療育のプログラムを保育所で実施することはできません。個別療育の場と、保育所に代表される集団生活の場は、子どもの発達支援と保護者支援においてどのような役割分担をするべきなのでしょうか。

保育所の集団生活では、子どもの生活年齢に応じたスタンダードが設定されています。そのため、発達につまずきのある子どもの「課題」を見つけやすくなります。この場面で、この子にもっとこんなスキルがあったら、友だちとの関係性はずっとよくなるのに……という気づきです。保育所が集団の場であるだけに、こうした気づきは家庭の中よりもずっと起こりやすいとも言えます。

◇遊びが長続きしない、と保護者が気づいている子がいます。しかし、家庭の中ではそのことがさほどの問題にはなっていません。しかし、保育所ではこのことが顕著な「問題」になります。みんなと一緒に遊んでいても、この子は気分次第で簡単に遊びの輪から抜けてしまうのです。それでも支障にならない場面もありますが、みんながルールに従って遊んでいる場面では大問題になります。かくれんぼをしていてオニになった途端にやめてしまうとか、サッカーのゴールキーパーを任されていたはずなのに味方の攻撃中に気持ちが途切れてしまい、いざ相手からのシュートがきそうな場面になるとゴールががら空き状態、といったことになるのです。

◇◇◇◇◇◇◇◇◇◇◇◇◇◇◇◇◇◇◇◇◇◇◇◇◇◇◇◇

さて、気づくことは容易でも、ではそのスキルをどう獲得させていくのかということになると、これは保育所だけでは困難になります。年齢標準のスタンダードで生活しているということは、そこでの発達の階段もごく標準的な段差で意識されているということです。つまり、保育所では、例に挙げたような子どもに対して「今度からは、遊びから抜けたくなったら『やめる』って言おうね」という働きかけが精一杯になってきます。それを言ってもなかなか子どもは言われたとおりにできないでしょう。しかし、保育所ではその働きかけをくり返すしかありません。「この前も言ったよね。やめてもいいから、『やめる』って言うんだよ」。

せいぜい、「そろそろやめたくなった？　大丈夫？」と先回りしてことばをかけるくらいのことになります。

ところが、個別療育の場にいる専門家は、こうした年齢標準の発達の段差を、さらに細分化する訓練を受けています。これは第1章や第3章でも述べてきたことですが、「標準的な段差」は、多くの人にとって「当たり前」の一歩の幅です。ですから、その一歩を細分化することは普通できないということになります。「一歩」の中にある複雑で微妙な運動のバランスやつながりを説明できるのは、運動発達について専門的な訓練を受けた人間、ということになるのです。

個別療育の場にいる専門家は、「やめたくなったら『やめる』と言えるスキル」が、どんな力から構成されているのかを判断することができます。実は、これはかなり複雑なスキルです。そもそも、「遊びの輪から抜けてしまう」という現象が、「遊びがつまらなくなったという自覚」からきているのか「他のことに気が向いてしまった」というところからきているのかによっても支援の方向は異なります。仮に、「もう、やめたいな」という自覚ができているとしても、そこからがたいへんです。どのタイミングでやめてもいいという遊びもあるかもしれませんが、そうではなく「頃合い」を見極める必要がある遊びもあります。また、誰に「やめたい」を伝えるかも重要かもしれません。子どもの世界にも「政治」はありますから、「スネ夫に言ってもダメ。ジャイアンに言わなくちゃ」ということはあるのです。

個別療育の場では、こうしたことを検討して、「やめたくなったら『やめる』と言う」という行動を獲得していくための見取り図を作ります。実際にその行動を獲得していくためのトレーニングという面でも、個別療育の場は有益です。その子の能力の水準に合わせて課題を設定したり、活動の流れを統制したりすることが可能だからです。

ところが、個別療育の場でできたからといって、それが日常的な生活の場でもできるかということになると話は違ってきます。

私は、相談の場でよくこんなたとえ話で「個別的な療育の場」「保育所や家庭といった日常的な場」両方の重要さを説明することにしています。

英会話を習っていることを考えてください。ネイティヴスピーカーの講師からマンツーマンのレッスンを受けています。このレッスンはとても有効です。習いに来ている人の目的や英会話能力に応じて、話題も単語のレベルも会話の速さも、すべて調節してくれます。ところが、仮にそうしたレッスンを週に一度、2時間受けているとしても、残る６日と22時間、まったく英会話と縁のない生活をしているとしたら、それほど効率的に英会話ができるようにはならないでしょう。上達の早い人というのは、マンツーマンレッスンの場以外でも、習ってきた英会話を（多少ブロークンでもいいですから）使う場を持っている人、ということになります。いわば、「個別的な療育の場」というのは「例題」の場で、「例題」で習ったスキルは日常生活という「練習問題」をたくさんこなさなければ生きたスキルにならないのです。

こう考えると、個別的な療育の場に通う子どもの発達を支えるうえで、保育所と家庭が果たす役割の重要性が理解できると思います。同時に、個別療育でどんな発達的課題を設定し、どんなスキルの獲得を目指しているのかということを保育所と家庭が理解して、少しでもそのスキルを活用できる場や活動を工夫していく必要があるのです。

個別的な療育の場に行くということを、保育所という年齢標準の集団からの「排除」のように感じてしまう保護者もいます。保育所は、それが決して「排除」――つまり、「みんなと一緒にできないから個別の場に行く」――のではなく、「補完」――「みんなと一緒にする活動が、この子の発達にとって少しでも質の高いものになるように」――のためなのだということを説明する必要があります。その説明に説得力を持たせるためには、保育所が個別療育の場とよく連携をとり、「今、こんな力を訓練しているみたいなので、保育所でもこんな当番をお願いして、こんな支援をしているんだよ」という保護者への説明をすることが大切になります。

ところで、こうした説明をすると、今度は「結局、保育所でみんなとうまくやっていくことが目標なら、保育所だけで頑張らせればいいのではないか」という疑問をぶつけてくる保護者もいます。そうではない、ということも伝えなければなりません。保育所や家庭という「年齢標準スタンダード」の環境では、その子の発達的な特徴への配慮というのがどうしても「事後対応」になりがちになります。その子が失敗してしまってから「もっとこうすればよかったのに」と伝えるということになりがちなのです。その点、個別的な療育の場では、その子の起こしがちな失敗に先回りして対処のスキルを伝えることが可能になります。言ってみれば、「予習」ができるのです。発達につまずきのある子どもにとって、保育所という集団生活が「ことばや文化の理解が不十分な異国の地」のようなものだとしたら、一つでも二つでも対処のスキルを教わってから入っていくほうが、うまくいく可能性が上がるはずです。また、個別的な療育の場は、「復習」の場にもなります。集団生活や家庭生活での失敗を受けて、また新たな対処のスキルを検討していく場でもあるのです。

❷虐待が疑われる事例での保護者支援と機関連携

子どもの発達につまずきが疑われるケースでもそうではないケースでも、問題の焦点が親子の関係性にある、という場合があります。いわゆる虐待が疑われるケースがその代表的なものです。こうしたケースでは、機関連携は保護者支援にとって絶対的な前提になります。第２章で述べたことのくり返しになるのですが、これは重要なことなのでその理由を説明しましょう。

虐待が疑われるようなケースにほぼ共通するのは、親子の関係性が歪んでいて、家庭内では不適切なやり方で子どもの言動が統制されているということです。第２章では、身体的虐待が起きている親子関係を例に説明しましたが、ネグレクトでも起きる問題の仕組みは同様です。適切な配慮や世話を欠いた状態で育てられてくれば、子どもは年齢相応の身辺自立の技能が未熟であったり、基盤的な生活体験が不足した状態で保育所に入ってくることになります。もしかすると、さまざまな欲求を表現することにも困難を抱えているかもしれません。

トイレに行った後や食事の前にきちんを手を洗うこととか、落ち着いて適量の食事を摂ることとか、基本的な生活習慣にままならない状態になるでしょう。

保育所では、この子に対して、できるだけ適応的なモデルを示そうとします。第1章でも触れましたが、保育所段階の子どもの発達的な可塑性がとても高いですから、こうした根気強い関わりがあれば確実に行動を変化させていきます。やがて、言われなくても手を洗うべき場面では手を洗おうとしたり、天候や汚れ具合に合わせて服装を気にしたりする姿が見られるようになってきます。保育者は、そんな子どもに対して、「自分でできるようになったね」「よく気がつけるようになったね」とほめることでしょう。

ところが、この子が帰宅して、保護者のルーズな生活管理の仕方にクレームをつけ始めたとしたらどうなるでしょうか。「もっとちゃんとごはんを作ってよ」とか「きれいなパンツがない」と主張するようなことです。くり返しになりますが、これはこの子自身の発達という面ではたいへんに進歩です。ですが、子どもにこんなことを言われて素直にその要求をかなえることができるような親なら、おそらくもともとネグレクト的な養育には陥っていないはずなのです。つまり、保育所が子どもの発達を促していく――それも、適応的な方向に促していく――ということは、もともと歪んだ統制でしか養育できていなかった親子関係に、新しい緊張とリスクを作り出してしまうことになるのです。しかし、それがわかっていても、この新しいリスクは家庭内のことですから、保育所として簡単に介入できるものではありません。ですから、このリスクを評価し、親子関係や家庭生活に保育所以上に直接的な介入ができる機関との連携が必須のことになるのです。いわば、そのような機関との連携がなければ、保育所が本来するべき仕事に邁進できないということになるわけです。

ここでは虐待が疑われるようなケースを例として説明してきましたが、実はこうした構造は虐待的とまでは言えないような、発達のつまずきを抱えた子どもの場合でも起こり得ます。第1章でも説明したように、発達支援と保護者支援は本質的に異なる営みですから、子どもの発達が促されていく中で、一時的に子どもがそれまで保護者がしてきた統制の方法から外れてしまうことはあり得るわけです。そのような場合、得てして保護者は「子どもが悪くなった」と評価してしまいます。「保育所に通うようになってから子どもが素直に言うことを聞かなくなった」「口答えをするようになった」「いたずらが激しくなった」などの保護者からの評価は、保育所側からすれば子どもが発達していく途中経過であっても、保護者からすればクレームに近い苦労話なのです。このようなケースでも、それが子どもの発達を促していくうえで必然でもあり、不可避のことだという説明を補ってくれるような機関との連携が重要になります。

❸ 機関連携で留意すること

こうした機関連携体制の中では、しばしばケース会議のような形で支援機関同士の情報交換や方針のすり合わせが行われます。本書は、保育所における虐待対応に主眼を置いているわけではないので、紙数の関係もあってあまり詳しい解説はできませんが、ケース会議で留意すべきことについて簡単に触れておきます。

まず、目指す目標を操作的に定義するということです。操作的定義というのは耳慣れないことばだと思います。たとえば、「色の概念を獲得する」というのはどう定義できるでしょうか。横断歩道で信号機に従うことができたら？　クラス別に色分けされた下駄箱に間違えず靴をしまえたら？　「赤い折り紙をちょうだい」と言えたら？　……それぞれ間違いではないです。こういう場合に、「赤、黄色、青の3色の物を、それが折り紙でもマグネットでもビー玉でも、色にだけ着目してそれぞれの色別の箱に分類することができて、それが10回続いたら、この子は少なくともその3色に関して色の概念を理解したということにしよう」

と定義すること。これが操作的な定義です。「～の状況で～ができること」という形で定義されているので「操作的」と呼ぶわけです。

ケース会議ではこの定義がとても大切です。「保護者からの理解を得たい」とか「もう少し母親が子どもとの関係を楽しめるようになってくれれば」とか「父親の育児協力を増やしたい」とかいった目標の設定は、決して間違いではないですし大切なことです。しかし、何がどうなったらそれが達成できたと判断できるのかという基準が不明確なので、取り組んでいくうちに自分たちのしていることが効果を上げているのかどうかがわからなくなってしまいがちになるのです。ですから、目標は操作的に定義されている必要があります。

また、保育所としてできることとできないことを明確に伝えることも大切です。当然ですが、保育所にはできることとできないことがあります。できないことを引き受けてもできないわけです。次の例は、保育所ではなく学校なのですが、とても理解しやすい例なので紹介します。

◇◇◇◇◇◇

小学校の情緒障害児学級に在籍している自閉症スペクトラムの男児。比較的落ち着いて学校生活を送っていたのですが、ある時期から急激に行動が不安定になりました。離席が増え、ときには教室から飛び出してしまうことも見られてきました。また、そうした行動を制止しようとすると、これまでにはなかったような自傷や他害に近い反応が出てくるようになりました。当然、学校側は原因を探ります。学校生活に以前と大きな変化がない以上、原因は家庭にあると考えられました。調べてみると案の定で、こうした不安定化が見られてきた時期の数ヶ月前に、父親がリストラに遭って無職になっていたことがわかりました。父親は何度か再就職のための活動に取り組んだようですが、どうやら思わしい結果が出なかったようです。おそらく、こうした失敗体験のストレスからでしょう、父親の酒量が目に見えて増えていました。もともと、やや酒乱の傾向があって、意識的にアルコールを制限していた父親だったのですが、ストレスに耐えられなかったのでしょう。

現在の男児の生活の状況はどうなっていたのでしょうか。帰宅すると、そこにはすでに酔った父親がいます。母親はというと、おそらくこうした父親と共にいることに嫌気が差しているらしく、夕食の支度はしてあるものの自分はパートの時間を延長してなかなか帰宅しないようです。そこには「父親の収入がなくなったのだから自分が働かなければ」という口実もあるようです。

この男児は、帰宅から数時間、酩酊《めいてい》していく父親からの叱責や暴言にさらされ、間に入ってくれる母親も不在で、パニックを起こしてもさらに罰せられるだけ、という状況に陥っていたのです。

さて、そこまではわかりました。男児についてのケース会議が開かれました。ここで学校としては何を引き受け、何を依頼するかということになります。子どもを迎えに行ってでも登校させることはできる。登校してきた子どもに対して、なんとか自他の安全を守りながら下校までつきあうこともできる。しかし、父親の飲酒をやめさせて、再就職に向けて取り組むというのは、どう考えても情緒障害児学級担任の職責でもなく、可能なことでもない。しかし、誰かがそこに手を入れてくれない限り、「問題」を持ちこまれ続けるのは学校だ、ということになるのです。

◇◇◇

機関連携では、この例のように、それぞれの機関でできることをつないでいくという姿勢が重要になります。できないことを押しつけ合うような形になっては、保護者支援にはなりません。

さて、「各機関にできることをつないでいく」となると、連携する各機関は、「できること」を確実に遂行するために自らの機関内での体制作りをしなければなりません。つまり、「機関間連携の成否を決定しているのは機関内連携のあり方」だということになるのです。ケース会議に園長や主任が出席していろいろと決めてきても、「そんなこと私は知りません。私ひとりでそんな配慮もしきれません。できないことを言われても困ります」と担任がそっぽを向いてしまうような状態であれば、機関間連携など絵に描いた餅なのです。ケース会議で保育所に求められたこと、そして、保育所としてできると判断したことのために、どう担任を支える園内体制を作るのかが大切だということです。

④ 就学の機会を活用する

保育所における保護者支援では、就学という大きな節目が必ずと言っていいほど関わってきます。もちろん、子どものトータルな発達を見通せば、就学はあくまでも通過点の一つです。「学校に行くまでに」という意識をあまりに強く持ちすぎることは、いたずらに保護者の気持ちを不安にさせたり、子どもに過剰な負荷をかけることにもつながりかねません。あくまでも、保育所での生活で子どもが成し遂げてきた成長と、それを支えたと考えられるさまざまな手立てについて、学校に正しく伝えていくことが肝要で、その結果としての発達的な到達度については現実として認めていかなければなりません。

保育所と学校の生活はやはり大きく違います。生活のペースや、集団活動の際の統制の強さなど、学校には学校のルールとリズムがあります。ですから、卒園時点での発達状況から考えたときに、学校生活で予測される問題や課題というのはさまざまに考えられることになります。それまで障害受容に関して、必ずしも保育所側の思いとは歩調が合わずにきた保護者でも、こうした「学校生活の壁」については不安を感じることが多いものです。こうした不安には、「学校では最低でも~ができなくてはならない」という思いが強く作用していると考えられます。そのこと自体は、就学というものをある種の「ゴール」として見てしまっているところが大きいので、必ずしも好ましいとは限りません。しかし、その不安によって、受容に困難さを抱えた保護者が子どもの実態や集団内での行動像について考えようとする姿勢が引き出されていることにもなります。

就学という機会をうまく活かすというのは、保護者の障害受容を一気に達成させる、ということではありません。すでに説明してきたように、障害受容はきわめて時間のかかる複雑な心理過程です。たとえ保育士からみれば決して「本筋」ではないような理解の仕方をしていると思われる保護者であっても、就学という具体的なイメージと照らし合わせることで、環境の違いによる子どもの行動像の変化ということに意識が向かうのであれば、それもまた一つの援助的なアプローチになると考えられます。

就学は、長い目で見れば子どもの人生の一局面に過ぎません。就学に際してどんなに準備をしようとも、就学後に新たな課題は尽きることなく生まれてきます。しかし、それでもほとんどの保護者にとって、就学というのは大きな「ゴール」として受け取られます。学校に上がるまでにこれだけはできるようになっていてほしい、これができなければ学校に行っても適応していかれない……そうした思いは、実は保護者だけではなく保育者にも強くあるものです。

しばしば言われることですが、発達とは「縦に伸びる」「横に拡がる」局面のくり返しです。一見すると何も新しいことを学んでいないような時期にも、次の質的な転換を準備する内的な過程が進行しているものなのです。こうした発達の「山と谷」は、もちろん保育所時代にも現れてきます。ところが、全体として発達的可塑性が高い時期であるがために、3年なり4年なりの経過を卒園時点で振り返ると、いかにも直線的に子どもが伸びてきたような印象を持ってしまうのです。典型的な例としては、「年長組のお遊戯会で、誰のサポートもなくみんなと同じダンスを踊ることができた。就園してきたばかりのときには常に誰かがついていなければ危なくてしかたない子だったのに。もう、何も心配ないよね」といった発言が挙げられます。確かに、その子は就園の時点から格段に伸びてきたのかもしれません。しかし、「誰のサポートもなくみんなと同じダンスを踊ることができた」のは、その子自身がスキルアップしたという要因だけではなく、「その子とどう付き合えばうまくいくのかについて、保育者も周囲の子どもたちも学んだ」「毎年のくり返しの中で生活に見通しを持つことができるようになった」といった要因も大きく関与しているはずなのです。実際のところ、「目が離せなかった」就園直後の時期にその子と周囲の子どもたちとの間に見られた発達水準の差が、「誰のサポートもなくみんなと同じダンスを踊ることができた」時期にはかえって拡大しているなどということもあります。その子ももちろん伸びてきました。しかし、その子以上の伸びを周囲の子どもがしていれば、当然こうしたことが起きるわけです。「みんなと同じように動くことができるようになった」ということをそのまま「発達的に追いついた」と認識してしまうことは、保護者に学校生活への大きな誤解を与えかねません。

義務教育段階の９年間に子どもの発達が示す「山と谷」は、保育所段階の比ではありません。幼児期を過ぎたばかりの状態から思春期のまっただ中まで進むのです。その間には、さまざまな課題があります。そうした課題を理解して、就学に際して「これから起こること」へのおおまかな見通しを保護者に伝えていくことが、保育所における保護者支援の仕上げになります。きわめて大ざっぱですが、それらの課題を述べてみます。

小学校の低学年期には、学級担任の求心力が子ども集団全体に強く働いています。子ども同士のトラブルがあっても、担任が適切に仲介してくれることで、子ども集団が同じ方向を見ていくことが可能です。担任の求心力に守られているこの時期に、「失敗してもいいけれど、どうしたら失敗しないですむかを考える」「自分だけが楽しければいい場所ではない」といった、基盤的な学校体験をする必要があります。中学年になると、子どもたちが「9歳の壁」と呼ばれる発達の質的転換期を超え始めます。抽象概念を扱うことができるようになることで、それまでかなりの具体性を持っていた指示がわかりにくくなります。「友だちの筆箱を勝手にいじるのはやめよう」という指示が「迷惑になることはやめよう」になるのです。子ども同士の関係でも、「〜をする○○君」だった認識が「僕たちとは違う、変な○○君」という認識に変わり始めます。結果として、低学年のときには通用していたソーシャルスキルが通じなくなり、周囲の子どもたちとの「差」を強く感じ始めることになります。ここで学校における居場所感が大きく揺らぐと、その後の学校生活の適応水準を危うくさせていくことになります。高学年に到達すると、いわゆる標準発達をしている子どもたちが、違いは違いとして認めたうえで関わりを創りだすという力を備えてきます。上手に中学年期を過ごすことができていた場合には、こうした周囲の「理解」に支えられて、個別的な支援を含めて子ども自身が学校生活における自分のポジションを受け容れることができるようになります。

中学校では、いよいよ思春期に向けて、いわゆる同一性の揺らぎが生じます。自他の違いをさまざまな側面で認識し始めますが、ここでも「自分はこういう人間だ」という認識を認めてくれる――「君はこういう人だよね」と言ってくれる――仲間の存在が学校生活の安定に大きく影響します。

いずれの時期の課題も、「発達に偏りがある」と言われる子ども自身のスキルアップだけでどうなるものでもありません。発達障害とは濃度の問題であり、関係性におけるリスクとしてとらえられなければならない――以前に指摘したことを、就学に際してあらためて見通しとして提示すること。そして、保育所時代に「山と谷」をどのような経験し、どのような支援によって関係性を築いてきたのかを再確認すること。それが、保育所における保護者支援のゴールなのかもしれません。

❺ 保育所内での話し合い

現実の保育においては、他機関との連携よりもはるかに多い頻度で、保育所内で子どもや保護者への対応についての話し合いが行われているはずです。そのとき、注意していただきたいことがあります。

人間は、一度ものごとに対して「こうだ」と思い込むと、なかなか自分の力だけで見方を変えることが難しくなります。こんな事態が起きるのです。

4歳で就園してきた女児。母子家庭で、就園前から母子関係の危うさが関係機関から伝えられていました。ネグレクトの疑いがあり、保育所でもよく様子を見守っていてほしい、と言われていたのです。確かに、女児はあまり気候に合った服装をしてきていませんでしたし、母親の迎えも時間を過ぎることがしばしばでした。連絡なく欠席してしまったり、もうすっかり集団活動が始まってしまっている時刻に登園してきたりということもざらでした。

担任は、なんとか母親との信頼関係を築こうと思い、機会あるごとに母親とコミュニケーションをとろうとしました。しかし、母親の反応はいつも曖昧で、「はあ」とか「そうですか」という程度。提出物も滞ることが頻繁でしたし、連絡帳に一所懸命に書き込みをしても、「見ました」の一言も書かれていないことが続きました。やがて担任は、保育士仲間にため息交じりに「あのお母さん、ダメだねぇ」と言うようになっていきました。

ある日、女児が真新しい靴で登園してきました。そういえば、昨日まで履いていた靴はずいぶんくたびれていて、サイズも合わなくなる寸前という感じのものでした。「〇〇ちゃん、新しい靴を買ってもらったみたいじゃない。あのお母さんも、結構気がつく人なんじゃないの？」。園長からそう言われた担任は、苦笑いして首を横に振りながら言いました。「たまたまですよ」。

母親が娘の靴の傷み方に気づいて、帰宅途中に新しい靴を買いに行った……のだとしたら、これは母親と関わるうえで大きな手がかりになるはずです。しかし、「あの母親はダメ」「子どもの養育に無関心」という思い込みができてしまっていた担任には、「新しい靴」の価値を素直に認めることができなかったのです。

こうしたことが起こるからこそ、保育所内でケースについて話し合い、「自分とは違う人の見方」をもらうことは大切になります。ただし、ここで考えていただきたいことがあるのです。

ちょっと難しい言い方になってしまうかもしれませんが、保育士としての仕事には「専門職としての側面」と「個人史としての側面」があります。「専門職としての側面」とは文字通り、保育士という資格に基づいています。養成段階で学んだこと、研修で学んだこと、さまざまな知識を目の前の子どもや保護者に当てはめて、どんな関わりや環境調整が必要だろうかと考えていく側面です。これは、すぐれて「技術的」な面だと言うこともできるでしょう。これに対して「個人史としての側面」というのは、「どうして私は保育士になったのか」「日々の保育の中で私は何を感じたいのか」「保護者や子どもから、どんな言動をもらいたいのか」といった、その人のパーソナリティや生育歴に関連してくることがらです。いわば「資質的」な面だと言えるでしょう。

保育所の職員集団で話し合いが行われるときには、保育士としての仕事の二面のうち、「専門職としての側面」を意識してほしいのです。「技術論」として話し合うということです。

この言い方はどうだったろうか、とか、あの掲示は子どもには見えていないのではないか、とか、もう少し連絡帳の書き方をこうしたらどうだろう、といったことです。その一方で、個人個人の保育士は、自分とケースとの関係を振り返るときに「個人史としての側面」を意識してほしいのです。自分はどうしたいのだろう、自分はどうしてこんなにあの母親に苛立ちを感じるのだろう、自分はどうしてこの子に可愛げがないと思ってしまうのだろう……これらの疑問は、自分の中にある「父親」「母親」「子ども」といった理想のイメージがどんなものなのかということを探る手がかりになります。その結果、もしかすると、自分がこのケースを問題視するのは、自分自身の価値観と合わないからではないのか、という気づきも生まれる可能性があります。これは、「資質論」につながることですから、あくまでも自分自身の問題として取り組んでほしいことです。

さて、これが逆転してしまうとどうなるでしょうか。保育士が、困難さを感じたケースについて、ひとりきりで一所懸命に「技術論」を考えていることになります。しかし、そもそもその保育士のやり方がうまくいかなくなってきているからこそ困難を感じているわけですから、その人自身が考え込んでもなかなか新しい手立ては見つからないでしょう。思いあまって、他の人の知恵も借りたいと考え、話し合いの場を持ってもらいます。ところが、そこで「資質論」が語られてしまいます。「もっと支援者としての自覚を持ってやったら?」「向いていないんじゃないかな?」……これは堪りません。

個人は資質論で考える。みんなで話し合うときには技術論で考える。この原則を外れてしまうと、各担任は心理的には孤立した状態で子どもと保護者に向かい合うようになります。それは、結局、保育所そのものの支援力を下げることにしかならないのです。

おわりに

子どもの発達支援と家族支援／保護者支援を織りなすという課題に対して、保育所はどのような役割を果たすべきなのかということをめぐってここまで述べてきました。くり返しますが、保育所は個別療育の場ではありません。しかし、「そのスキルがあったらもっと楽しくなれるよ」というメッセージを送り、そのためのチャレンジの場を提供することはできる場だと思います。子どもにとって、保育所は家庭と並ぶ重要な日常の場であると同時に、家庭とは異なる場になります。家ではできないけれど保育所ではできる、あるいはその逆、というパターンはしばしば見られます。こうした「差」こそが、子どもの実態を把握し、課題を見出していくのに重要な手がかりになります。「保育所だからできること」「家だからできること」はそれぞれ代替できません。「保育所でもできること」「家でもできること」を増やしていくということが、発達支援と保護者支援を織りなすということなのかもしれません。

これまでの記述の重なる部分もありますが、「保育所における保護者支援」についてまとめていきたいと思います。

保育所が、個別的な療育機関や家庭と異なる特徴は何でしょうか。認定こども園制度の登場などにより、保育と呼ばれる営みの内容はずいぶんと多様化してきました。しかし、本質的に変わらないのは以下の点だと思います。

一つ目は、保護者にとって、子どもを同年齢集団の中で定期的に過ごさせる初めての体験の場であること、です。二つ目は、これと関連していますが、どの子にとっても保育所は「大人と自分との関係の間にいつでも他の子がいる」環境である、ということです。そして三つ目が、保育所生活の終わりに、就学という、子どもにとっても保護者にとっても最大級の課題が待っているということです。

子どもが保育所に通い始める年齢はさまざまです。早ければ産休明けから、遅い子であれば就学前の最終年という子もいるかもしれません。就園してくる以前の子どもの生活の場は、たいていが家庭です。祖父母や近隣の協力があったり、ベビーホテルやベビーシッターの利用をしていたりすることもあるでしょうが、「ここが、あなたがこれから毎日来るところ」

という出迎え方をするのは保育所です。

すでに説明したように、保護者にとって、保育所は、それまでの自分たちがしてきた育児を「採点」される場になります（このことは、実は保育所や幼稚園に上がる前に小集団の療育サービスに定期的に通うことになる子どもの保護者にとっても同様――つまり、そうしたサービスを提供する支援者にとっても同様――ということになります）。もちろん、ほとんどの場合、保育士や支援者の側にはそんなことは自覚されていません。純粋に、一日でも早く子どもの特徴を把握して、その子に合った関わりをしていくことができるようになりたくて、情報収集の意味で問いかけます。「今までおうちではどんなふうにしてきたんですか？」「こんなとき、お母さんはどうしてきたの？」「こういうことって、お家でもあるのかしら？」。このことばが、とりようによってはそれまで自分たちがしてきた養育への批判のように聞こえてしまうこともあるのです。それを「保護者がおかしい」ととらえるばかりでは支援になりません。そのように解釈されるリスクもあるということを念頭に置いておくことが重要になります。

保護者が保育所で支援者との間に築く関係は、その後のさまざまな領域での支援者との関係の鋳型になりがちです。毎日のつきあいになりますから、「時間が解決していく」ということもたくさんあります。むしろ、そのようなことのほうが多いかもしれません。たった一言、たった一日のできごとで何もかもが決まってしまうということのほうが特殊でしょう。ただ、そうした毎日の積み重ねの中では、保育者が必ずしも意識していない「構え」が大きく影響してくるのです。読者のみなさんは、自分と子どもの位置関係をどんなイメージでとらえているでしょうか。子どもの後ろから背中を押していますか？　横に並んで歩いていますか？　前に立って手を引いていますか？　同様に、その子の保護者に対してはどんなイメージでいるでしょうか？　どのイメージが正解、ということではないのです。ただ、自分が持っているイメージは、知らず知らず日々の言動に通底する「構え」となって子どもと保護者に伝わります。「初めての場」に立ち会う専門職であるということが持っている意味について、よく理解しておいていただきたいと思います。保育所の保護者支援は、「今ここ」での支援であるというだけではなく、その親子がその後の人生において「誰かと困難を分かち合いながら生きる」のか「親子で困難を抱え込んで生きる」のかの分岐点になることが多いのです。

保育所生活の基本は集団です。20人近い子どもの集団であれば、「騒がしい」「規律を乱す」傾向の子どもは必ず存在するでしょう。こうした子どもの多くは、後になって明瞭に診断がついたり、あるいは家庭での養育に虐待的な要素が色濃くあることが判明してきたりします。この子たちは確かに集団を扱ううえで手がかかります。頻繁に離席したり、会話に割り込んできたり、行動の切り替えがうまくいかなかったり。そこで、保育者はなんとかこの子たちを集団の基準に戻そうとしたり、場合によっては一時的に集団から離して安定させようとします。このとき、周りの子どもたち全員がおとなしく「待って」くれていればいいのですが、なかなかそうはいきません。何人か、保育者の言動に反応する子が出てきます。私はこうした子どもたちを「尻馬（しりうま）群」と呼んでいるのですが、この子たちはなかなか「いい形」で注目を浴びることが難しく、「悪目立ち」したがるような存在であることが多いのです。この子たちが反応することで、最初に「ノイズ」を発した子どもたちを含め、集団の二割近い子どもたちが何らかの意味で統制困難になってきます。

集団を扱う仕事では、しばしばこうした子どもたちが「迷惑」な存在だとされるのですが、集団であればそこに「困った」言動をとる子がいたら、必ずその集団内にはその子よりも望ましい言動をとっている子がいるはずだ、ということになります。前述の例に戻れば、「騒がしい」子たちに「尻馬群」が乗っかった状況でも、おそらく八割以上の子どもたちが、担任の意図を汲んで、なんとか持ちこたえているわけです。この、持ちこたえている子どもたちをどう認め、どう育てるかということが重要になります。

保護者支援という面から見ても、周囲の子どもが当該の子どもについてどのような評価をし、どのような関わり方をするかということは、当該の子の保護者にとっても大きな意味を持ってくることがしばしばあります。集団であることを「個別的な配慮ができない」というデメリットとしてとらえるのではなく、「手本として育ってくれる子どもたちがたくさんいる」というメリットとしてとらえること——そのためには、周囲の子どもたちの智慧を積極的に引き出していくこと——が必要になります。ところで、そのような関わりを周囲の子どもたちにしていくためには、当該の子どもの保護者との間で、その子の姿が共有されている必要があります。そうでないと、「なぜウチの子ばかりが話題になる」「どうして特別扱いをされなくちゃならない」といった不信感が突きつけられることになるからです。まさに、発達支援と保護者支援とは、どちらが鶏でどちらが卵なのか判然としない、織りなし合って進む過程だということができるでしょう。前述の説明とも重なってきますが、子どもが周囲の子どもたちと支え合って生活していく姿を見ることが、保護者にとって子育てのプレッシャーを軽減することにつながっていくのです。

就学については、くり返すことはしませんが、「就学はゴールではない」ということだけはあらためて強調しておきたいと思います。とりわけ、発達的なつまずきがあるとされるような子どもの保育に数年間にわたって取り組んでくると、いつのまにか保育者自身の意識の中で、就学がゴール視されてしまうことがあります。それ自体が悪いとは思いませんが、保育現場をいろいろと回らせていただく中で、「あんなに頑張ったのに、あんなに伸びていたのに、支援学級に就学になったんですよ。なんかガッカリで……」といったことばを聞くと、やはり少し寂しく感じます。こうした言い方の根底にあるのは、子どものスキルを伸ばすということを最大限に評価する姿勢です。もちろん、その姿勢は大切です。しかし、ここまでに述べてきた保護者支援という営みは、こうした姿勢とは別の次元でくり広げられていることだ、という理解もしていただきたいと思います。どんな保護者にとっても、子どものスキルが向上することは喜びにつながるでしょう。しかし、「できなかったことができるようになる」ことだけが子どもの「伸び」ではありません。子どもを発達的に見る、ということの本質は、「相変わらずできない。けれども、以前とはできなさが違ってきている」という、「伸びの芽」を見出していくことだと述べました。そう考えれば、就学の際の教育措置がどこになったのかということではなく、就学後にその「芽」がどう開花していくのか、そのためにどのような環境が適しているのかということに関心が向くと思われます。

保育所運営指針は、2018年度から新しくなります。その指針の中では、保育所は「養護と教育を一体的に行う」とされ、子どもへの教育機能が明確にされています。教育機能を意識すればするほど、「子どもへの関わり方が望ましいと思えない保護者」の存在は保育士の目についてくると思われます。

子どもは、どの年齢でも「完成された子ども」です。「不完全な大人」ではありません。しかし、得てして「支援を必要とされる」と判断される保護者では、この前提が崩れていきます。「未完成の大人」としてしか子どもを見られなければ、子どもが示す言動には常に不満と苛立ちを覚えることでしょう。私は、さまざまな場で保護者と出会いますが、子育ての前提が間違っているように感じる保護者に対して、しばしばこんな質問をします。「冷蔵庫って何をする機械だと思いますか？」。多くの保護者が「何を言っているんだ？」という顔で「食品を保存する機械なんじゃないですか」と答えてくれます。食品を保存するってどういうことですか、とさらに尋ねると、ウンザリしたように言います。「食べ物を腐らせなくする機械ですよ」。しめた、と思って私は続けます。もし本当に、冷蔵庫が食べ物を腐らせなくする機械だと信じているなら、今日の帰りに牛乳を買って冷蔵庫に入れて、1年後に飲んでください、と。たいていの保護者が「そんなことできませんよ。1年もほっといたら腐ります」と言います。そうなのです。冷蔵庫は「食べ物を腐らせなくする機械」ではなく、「食べ物をゆっくり腐らせる機械」なのです。その前提を間違えたら、食中毒が起こります。子育ても同様です。どんなに頑張っていても、どんなに苦労を重ねていても、前提が間違っていたら結果はいいものにならないはずなのです。だから、子育ての前提を変えませんか、と言うのです。親子という関係性がまだ若い保育所こそ、子育ての前提を切り替える機会に恵まれているのだと思います。

子どもの発達は、ある意味で「喪失」の過程です。子どもが育つということは、子どもならではの感性を失っていく過程なのです。

今も忘れない場面があります。30年以上前、ある保育所のドキュメントを執筆するため、その保育所に通っていたときのことです。3歳児クラスの散歩に同行しました。ゴールデンウィークの前でした。あちらこちらの民家に鯉のぼりが立てられていました。散歩の目的地である公園の入り口にさしかかったとき、突風がきました。思わず、私たちは歩みを止めました。その突風は、それまでだらんとしていた鯉のぼりたちを鮮やかにたなびかせました。そのときです。3歳の男児が、担任のエプロンを握りしめて叫んだのです。「先生！　見て見て！　おさかなが咲いたよ！」。

それから30年。私は今でも、あの瞬間に男の子が叫んだ「おさかなが咲いた」ということば以上にあの光景に適切だと感じることばに出会っていません（後になって、私はこれとまったく同じ発言をした3歳児の事例を文献の中に発見して、とても驚きました）。でも、悲しいことに、私たちは子どもたちに伝えるのです。「ねえ。おさかなは咲かないよね。咲くのはお花だよね。おさかなは、泳ぐか釣るか食べるかだよね……」。3歳児は、「おさかなが咲く」世界に住んでいます。その世界は、あっという間に失われます。もしかすると、4歳児はもう「おさかなは咲かない」世界を当たり前だと思って生き始めているのです。その瞬間に立ち会えるのが保育士です。そして、今日、この子の心の中で「おさかなが咲いた」ということを保護者に伝え、それがどんなに素晴らしいことなのかを伝えられるのが保育士なのです。

私には、すでに成人した四人の男の子がいます。子育ては、今から思うと後悔と反省ばかりです。彼らはいずれも、保育所から小学校低学年の頃に私に言ってきました。「秘密の近道見つけたんだけど、知りたい？」。私はそういうことが大好きでしたので、いつも迷わず「知りたい！」と答えました。子どもたちは私を連れて「秘密の近道」を案内してくれました。この本の読者であればどなたでも経験があるのではないかと思いますが、子どもの「秘密の近道」が物理的に近かった試しはありません。距離的には果てしないような遠回りですし、そもそも道ですらない（民家の庭とか川に架けられたパイプの上とか）。それでも、彼らは、異口同音に「近道」と目を輝かせるのです。なんでこれが近道なんだ、といつも思いました。今、やっとそれがわかる気がするのです。

大人は、子どもに「枠」を与えようとします。それが大人の責任です。保育士も同様です。しかし、子どもはその枠からはみ出そうとします。それでも、子どもたちは大人の意図を感じ取っています。だからこそ、「学校」と「自宅」という起点と終点を守りながら、その「過程」ではみ出そうとします。今でも、三男の「秘密の近道」につきあって学校に着いたときに私が言った「近くないじゃん」ということばへの彼の答えは忘れません。「でも、ちゃんと着いたじゃん」。

そう。「起点」と「終点」を守りながら、「過程」はめちゃくちゃ。でも、「僕は言われた通りに学校（自宅）に着くよ」という主張。大人からの要求に応えながら、そこからはみ出す楽しみを主張する瞳でした。そのはみ出しが生みだす楽しさを考えれば、無味乾燥な「通学路」に比べて、「秘密の近道」を通る時間はどんなに楽しかったことか。それが、彼らが、どう考えても「近くない」道を「近道」と言い続けた理由なのではないかと思うのです。

この本は、拙い本かもしれません。私が続けてきた実践の中で得た知識の、現時点での集大成であり、学問的エビデンス（根拠）がどうのこうのと問われれば沈黙しかありません。しかし、私は2000件を超える相談事例を踏まえながらこの本を書きました。

職業に貴賤《きせん》はない、ということばはよく聞きます。その思想に共鳴するという意味で最後に書かせていただきます。

保育士とは、素晴らしい仕事です。それを「仕事」として吟味し、研鑽《けんさん》し、質を高めていく営みを続けていただきたいと思います。

著者紹介
玉井 邦夫（たまい・くにお）
大正大学心理社会学部臨床心理学科教授。1959年千葉県生まれ。東北大学大学院教育学研究科修士課程修了（心身障害学）後、1983〜1990年まで、情緒障害児短期治療施設小松島子どもの家にセラピストとして勤務。1991年より山梨大学教育人間科学部障害児教育講座准教授、2008年より現職。専門分野は臨床心理学。公益財団法人日本ダウン症協会理事長。日本産業カウンセラー協会保育専門部会、子どもの文化学校等で、長年にわたり保育士の研修講師を務める。

エピソードで学ぶ　子どもの発達と保護者支援
――発達障害・家族システム・障害受容から考える

2018年４月30日　初版第１刷発行

著　者　玉　井　邦　夫
発行者　大　江　道　雅
発行所　株式会社　明石書店
〒101-0021　東京都千代田区外神田 6-9-5
電　話　03（5818）1171
ＦＡＸ　03（5818）1174
振　替　00100-7-24505
http://www.akashi.co.jp
装丁　明石書店デザイン室
印刷・製本　モリモト印刷株式会社

（定価はカバーに表示してあります）　ISBN978-4-7503-4673-1

発達障害がある子の

シリーズ

生きる力

をはぐくむ

四六判／並製

1 発達につまずきがある子どもの子そだて──はじめての関わり方

湯汲英史《ゆくみえいし》編著　◎1500円

発達障害がある子どもをそだてる保護者・支援者に勇気を与える一冊！　発達障害児のそだちの見通しを立て、具体的で効果的な日々の接し方ができるよう、療育（治療教育）のプロが基本的な関わり方や考え方をわかりやすく解説。保護者のみならず、発達障害に関わる専門職・保育士・教員・指導員など必読！

2 子どもと変える 子どもが変わる 関わりことば──場面別指導のポイント

湯汲英史著　◎1500円

子どもが自分で考え、判断し、行動できるために欠かせないのが「関わりことば」。思いもよらないシンプルでインパクトのあることばで、人やものに対する見方や考え方を教え、「自分で決められる子」「上手に伝えられる子」になる！　家庭や園・学校ですぐに使える珠玉の関わりことば20を日常場面ごとに紹介。

3 ことばの力を伸ばす考え方・教え方──話す前から一・二語文まで

湯汲英史編著　◎1500円

発達につまずきがある子どもを持つ保護者や支援者・指導者向けに、ことばの発達をうながす考え方と関わり方をわかりやすく解説する。子どもが自分の意思を上手に表現し、社会性をはぐくんでいくための、くらしの工夫や場面づくり、からだを使ったやりとりなど、家庭ですぐに実践できるアイデアも豊富に紹介。

〈価格は本体価格です〉